**코로나
크래시**

THE CORONA CRASH by Grace Blakeley

First published by Verso 2020
Copyright ⓒ Grace Blakeley 2020
All rights reserved.

Korean translation copyright ⓒ 2021 Chaeksesang Publishing Co.
This Korean translation is published by arrangement with
VERSO through Greenbook Literary Agency.

코로나 크래시

초판 1쇄 발행 2021년 4월 21일

지은이 그레이스 블레이클리
옮긴이 장석준

펴낸이 김현태
펴낸곳 책세상
등록 1975년 5월 21일 제1-517호
주소 서울시 마포구 잔다리로 62-1, 3층(04031)
전화 02-704-1250(영업), 02-3273-1334(편집)
팩스 02-719-1258
이메일 editor@chaeksesang.com
광고·제휴 문의 creator@chaeksesang.com
홈페이지 chaeksesang.com
페이스북 /chaeksesang   **트위터** @chaeksesang
인스타그램 @chaeksesang   **네이버포스트** bkworldpub

ISBN 979-11-5931-615-9 03300

코로나
크래시

그레이스 블레이클리 지음
장석준 옮김

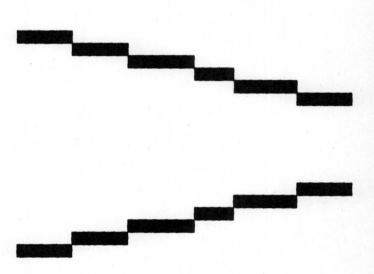

책세상

차례

2020년에 전 세계가 자본주의의 새로운 국면에 접어들 것이라고 생각한 사람은 거의 없을 것이다. 이제 국가와 은행, 그리고 세계 최대 기업들 사이의 연결은 너무도 단단해져 마치 혼연일체가 된 것처럼 보인다. 2010년대의 경기 침체는 2008년 과부화로 인해 스스로 무너진 금융화 시대의 특징이었던 투기의 광기가 죽음을 앞두고 있음을 알렸다. 팬데믹의 한복판에서 우리는 광기의 대체물인 국가독점자본주의가 부상하는 모습을 목격했다.

2020년 3월 11일 세계보건기구WHO가 팬데믹을 선언하고 몇 주 지나지 않아, 공중 보건 비상사태가 광범한 경제 참변을 초래할 것이 분명해졌다. 3월 말이 되자 전 세계 코로나19* 확진자 수가 75만 명에 이르렀고, 바이러스 확산에 대응하는 과정에서 일상·경제 활동에 야기된 긴장 탓에

---

* 원문에는 'Covid-19'로 되어 있으나 한국 사회의 관용적 표현에 따라 모두 '코로나19'로 옮겼다.

지구 경제는 정지하고 말았다.

대봉쇄the Great Lockdown, 즉 전 세계의 많은 국가가 자가 격리와 사회적 거리두기를 결합해 실시한 조치는 노동 시장, 생산량, 소득, 소비에 즉각적인 영향을 끼쳤다. 주식시 장은 최근의 다른 어떤 위기 때보다 더 심하게 곤두박질쳤 다. S&P 500과 다우존스 지수*는 역사상 최대의 일일 낙폭 을 기록했다. 주가 급락은 공장이 문을 닫고 국경이 폐쇄되 며 소비와 투자 모두 붕괴하는 상황에서 지구 경제가 심각 한 불황을 향해 나아갈 수밖에 없다는 투자자들의 깨달음을 반영하고 있었다. 지난 10년 동안 기업의 부채가 늘어난 처 지였기에 기업의 수익 저하로 인해 부도가 폭증하고 자칫 일부 주요 금융기관까지 위험에 처할 수 있다는 점이 큰 우 려를 샀다.

그러나 이 모든 상황에도 불구하고 6월에 대봉쇄 가 완화되자 주식시장은 손실의 대부분을 회복했고, 논평가 들은 다시 한번 V자 회복 가능성을 장담했다. 위기 와중에 는 항상 사람들이 최악은 이미 지나갔다고 확신하는 시점인 '태풍의 눈'이 있기 마련이다. FTSE 100 지수**는 2007년 노

---

* 둘 다 미국의 대표적인 주가지수다. S&P 500은 뉴욕증권거래소 와 나스닥에 상장된 500대 기업 종목으로, 다우존스 지수는 30대 기업 종목으로 구성된다. 두 지수와 나스닥 지수를 묶어 미국 3대 주가지수라고 한다.

던록 사태 직후 상당수의 은행들이 신용 여건 악화에 따라 부도 위험에 노출돼 있음이 분명한데도 반등세를 보였다. 1918년 스페인 독감의 1차 유행 이후 사람들은 최악은 지나갔다고 확신했지만, 불과 몇 달 뒤에 더 심각한 2차 유행이 엄습했다.[1]

이 책을 쓰고 있는 지금, 지구 경제는 '코로나19'라는 태풍의 눈에 있음이 분명해 보인다. 전 세계 사망자 수는 계속 치솟고 있고, 많은 나라들이 바이러스 감염 검사와 동선 추적 조치를 강화하면서 경제 활동을 안전하게 재개하려 애쓰는 나라가 있는 반면 아무런 계획 없이 봉쇄를 해제해야 하는 처지에 놓인 나라도 있다. 백신을 개발하기 전까지는 전 세계가 바이러스의 유행에 직면해 봉쇄 조치 재개가 필요해질 가능성을 배제할 수 없다.

게다가 바이러스는 지금 지구 경제의 새로운 부분으로 확산하는 중이다. 킴 무디가 《스펙터》에 기고한 글[2]에서 지적한 대로, 코로나19는 초기에 세계 무역 체계의 정맥과 동맥을 통해 확산했다. 바이러스는 세계 상품 생산의 중심지인 우한에서 발생해 동아시아의 무역 허브들과 중동과

** 런던증권거래소의 종합주가지수다. 런던증권거래소에 상장된 100대 기업의 주가를 지수화한 것으로, Financial Times Stock Exchange의 약칭이다. 런던증권거래소와 《파이낸셜 타임스》가 합작 투자한 기업이 관리하는 지수여기 때문에 붙은 이름이다.

라틴아메리카의 상품 수출국들을 거치며 퍼져나갔고, 유럽과 북미의 전 지구적 소비 중심지에 이르렀다.

바이러스는 런던, 워싱턴, 뉴욕에서 중심부 제국 경제의 배후지들로 확산해 영국 중부 잉글랜드와 미국 남부 주들에서 새롭게 폭증했다. 처음에는 지구자본주의 체계의 주변에 위치한 덕분에 바이러스로부터 안전했던 사하라 이남 아프리카에서도 남아프리카와 나이지리아의 무역 중심지에서 바이러스가 퍼지는 바람에 확진자가 늘고 있다. 오래전부터 공중 보건 전문가들은 바이러스가 남반구의 가난한 나라들에서 퍼지면 파국을 초래할 수 있음을 경고해왔다. 이들 국가 중 다수는 이미 심각한 부채난에 시달리고 있어서, 정부가 채무를 이행할지 의료진 방호 용품과 산소 호흡기를 구매할지를 선택해야 하는 상황이다.

그러나 불균등하고 금융화된 자본주의 발전으로 인해 조성된 취약성들이 팬데믹을 거치면서 악화될 운명에 처한 것은 남반구*만이 아니다. 미국, 영국, 아일랜드 같은 북반구의 부채 의존 국가들은 팬데믹에 따른 금융 위기를 가까스로 피했다. 하지만 연방준비제도Fed의 한 고위 인사는 서

---

* 주로 지구 남쪽에 위치한 아시아, 아프리카, 남미 등지의 개발도상국을 말한다. 반대로 '북반구'는 북미, 유럽 등의 선진국을 가리킨다.

서히 늘기 시작하는 부도가 여전히 금융 위기를 촉발시킬 수 있다고 경고했다.[3]

정부는 소비자 대출과 신용카드 대금 납부 기한을 연장하고 은행의 중소기업 대출에 보증을 섰으며, 팬데믹 충격 이전부터 과잉 부채 상태였던 국내 기업부문에 거의 무제한으로 유동성을 퍼부으며 개입했다. 그러나 이 모든 조치는 기업과 가계가 종국에는 대출금을 갚을 수 있으리라는 가정에 기대고 있다. 단순히 소비자와 사업가들이 현금을 확보하려고 분투하는 게 문제라면 이는 그럴싸한 해법일 것이다. 그러나 이들 중 다수가 부채 상환은커녕 적자를 내면서 공황을 향해 나아가고 있는 것이라면, 세상의 그 어떤 새로운 대출도 약발을 발휘할 수 없다.

영국 정부의 바운스백 대출bounce back loan 제도**를 운영하는 은행들이 해당 대출 혜택을 받은 중소기업의 40~50퍼센트가 대출이 만료되는 시점에 부도 상태에 놓일 것이라고 발표한 사실은 고난이 다가오고 있음을 경고한다.[4] 이에 더해 실업률이 12퍼센트로 치솟을 것이며 2021년까지도 두 자리 숫자를 유지하리라는 것이 영국 예산책임처OBR

** 영국 정부의 중소기업 대출 지원 제도를 말한다. 일정 기간 국가가 이자를 대납하며, 이후에는 비교적 싼 고정금리를 적용한다.

가 국제통화기금IMF 같은 국제기구의 전망에 동조하며 내놓은 핵심 추정이다.[5] 미국에서는 일부 경제학자들이 실업률이 최소한 15퍼센트에 이르리라 전망하고 있다.[6]

어려움에 부닥친 기업과 실업 상태의 소비자가 소득도 없는데 어떻게 채무를 성실히 이행할 수 있겠는가? 그리고 이들이 채무를 이행하지 못한다면 누가 상황을 바로잡을 수 있겠는가? 국가가 빚을 탕감해주고 채권자인 은행이 손해를 감수하도록 강제할 것인가? 아니면 대기업부문의 투자자들이 정부의 생명 유지 장치에 연결돼 영생을 누리는 동안 노동자와 중소기업에 고통을 전가할 것인가?

이 물음들의 답은 아직 알 수 없다. 미국 정부와 영국 정부가 보조를 맞추며 사태를 처리하는 듯 보인다는 사실이 어떤 힌트를 던져주는 것도 아니다. 이토록 극적이고 유례없는 불확실성 속에서 지난 2020년 여름의 낙관주의는 어느 시점부터 비관주의의 확대재생산에 밀리는 듯 보였다. 정책 대응에 따라 상당히 다르게 나타나기는 했지만 세계 각국은 대량 실업과 소득 감소, 그리고 광범한 기업 및 개인 파산에 직면했다. V자형 불황과는 달리 경제가 위기 전 생산 수준을 회복하려면 몇 년은 걸릴 것이다. 서비스부문에 의존하는 영국 경제는 OECD 국가 중에서도 가장 심각한 타격을 받으리라 전망된다.[7]

　　팬데믹이 유발한 불황의 엄혹함은 적어도 어느 정도 지구 경제에 이미 존재하던 취약성의 결과다. 성장이 정체되고 부채 수준이 급증하며 불평등이 늘어난 10년을 겪은 뒤의 우리는 새 불황에 대처할 수 있는 상태가 아니었다. 2008년 금융 위기 이후 경기 회복의 주된 특징은 임금, 생산성, 투자의 침체였다. 많은 부유한 국가들은 노동소득분배율*의 감소를 경험했다.[8] 금융이라는 지구화의 날개가 어려움에 처한 탓에 수십 년 만에 처음으로 지구화가 '후퇴'했다. 국가 간 자본 이동은 2007~2016년에 65퍼센트 감소했다.[9] 전 지구적 성장을 떠받친 것은 믿기 힘들 정도로 저렴한 융자와 남반구 개발도상국들이 시행한 공공 투자뿐이었다. 중앙은행들은 초저금리와 양적 완화를 통해 경제에 산소호흡기를 달아주어야 했다. 그러나 이 정도로 느슨한 통화정책을 통해서도 민간부문의 고정자본 투자는 기대만큼 늘지 않았다. 오히려 저금리의 주된 효과는 부채 거품을 지구 총

13　　　　* 국민소득 중 자본을 제외한 노동의 몫을 일컫는다.

GDP의 3배 규모로 팽창시킨 것이었다.[10]

문제는 분명했다. 자본주의는 모멘텀을 완전히 상실했다. 많은 경제학자는 2022년경 불황이 미국, 영국, 그리고 유로존을 덮칠 것이라고 예상하고 있었다.[11] 만기가 서로 다른 미국 재무부 채권의 수익률 곡선이 2007년 이후 처음으로 뒤집혔다. 이는 단기 국채 수익률이 장기 국채 수익률보다 높아졌음을 의미한다.[12] 지난 반세기 동안 이렇게 뒤집힌 수익률 곡선은 언제나 심각한 불황의 전조였다. 결국 불황은 예상보다도 더 일찍 찾아왔고, 상상을 초월하는 타격을 입혔다.

전 세계의 자본가들은 국민국가가 장기 침체, 포퓰리즘, 기후 붕괴의 3중 위기에서 자신들을 구원해주리라고 예전부터 고대하고 있었다. 코로나19 불황과 함께 정부 개입의 요구는 더욱 거세졌고 그와 동시에 이윤은 더욱 감소하면서 국가에 대한 자본의 의존은 증가했다. 중앙은행들과 정치인들은 전례 없는 경제 개입을 펼쳤는데, 이는 위기에 가장 취약한 이들을 도우려는 게 아니라 자본주의를 그 자신으로부터 구하려는 것이었다. 수혜자는 대기업, 거대 은행,

그리고 막강한 정치적 기득권층이 될 것이다.

영국에서 코로나19가 퍼지는 지금, 집권 세력인 우파는 언론인, 시민, 심지어는 의료 요원들까지 정부의 목소리에 따르라고 요구하고 있다. 통화정책이든 법정 상병 수당이든 복지 급여든 정부 정책에 의문을 던지는 것은 공중보건 위기를 '정치화'하는 것이다. 코로나19 위기가 '정치화'될 수 있다는 사고는 이것이 본성상 이미 정치적 사건이라는 점에 대한 부정을 함축한다. 물론 바이러스의 발생은 자연에서 비롯된 사건이다. 비록 이윤 극대화의 이름으로 실행된 지속 불가능한 농업 관행이 촉발한 것으로 보이지만 말이다.[13] 그러나 그 경제적 영향, 특히 비용의 분배는 더없이 정치적인 사안이다. 게다가 정부는 부자와 권력자들이 비용을 부담하지 않게 하려고 무진 애를 쓰는 중이다.

미국 하원은 수익이 크게 감소한 기업을 위한 대출을 포함하는 2조 달러 규모의 부양책을 통과시켰고, 연방준비제도는 때맞춰 '무한 양적 완화 QE infinity' 정책으로 방향을 틀었다.[14] 달리 말하면 연준은 금융시장 리스크가 해소됐다고 확신할 때까지 (중앙은행이 새로 찍어낸 화폐를 사용하면서) 자산 매입을 그치지 않을 것이다. 게다가 다양한 시장을 지원하기 위한 자산 매입 및 유동성을 담당하는 온갖 기관들이 있다. TALF, PDCF, MLF*뿐만 아니라 CPFF, PMCCF, SMCCF**를 통해 연준은 기업채권 시장(회사의 신용도는 고려 대상이 아니고, 환경에 미치는 영향이나 노동자 권리에 관한 행적에는 아무런 관심이 없는 곳이다)과 담보대출, 자동차대출, 학자금대출, 지방채 시장을 뒷받침하고 있다.

이런 프로그램들(이들의 규모는 어마어마하게 크다) 각각의 세부 사항보다 더 중요한 것은 이들이 의미하는 바를 이해하는 일이다. 이들은 정부가 지급 불능 사태와 더 이상의 자산 가격 하락을 막기 위해 미국 소비자, 기업, 주 정부들의 채무 이행을 뒷받침하려는 의지가 충만함을 보여준다. 이는 한편으로 긍정적인 단기 조치로 보인다. 사실 연준이 개인, 기업, 주 정부, 지방자치단체의 파산이 폭증하는 것에 개입하지 말아야 한다고 주장하는 이는 거의 없다. 그러나 이는 또한 현대 자본주의의 심원한 본질을 드러내기도 한다. 앞으로 특히 번화가 소매점 같은 취약한 부문에서 도산하는 업체가 더욱 늘겠지만, 국가는 대기업부문 전반에 신호를 보

---

* 2008년 금융 위기 중, 연준이 유동성 공급을 위해 설치한 기관들이다.
** 2020년 코로나19 위기를 타개하기 위해 연준이 만든 기구들이다. 이 중 CPFF는 2008년 한시적으로 운용되었다가 2020년 재설치되었다.

내고 있다. 경기 상승기에 생긴 부채가 얼마든 부채의 용도가 무엇이든 위기가 오면 구제해줄 것이라고 말이다.

　　전 세계 다른 중앙은행들도 전하고 있는 이 메시지의 함의는 사뭇 심오하다. 투자 적격 기업의 경영 리스크는 사회화됐지만, 수익은 여전히 사적 소유로 남았다. 구겐하임 인베스트먼츠의 스콧 미너드는 "우리는 이제 모두 정부 후원을 받는 기업"이라고 평했다.[15] 투자자들이 보호받는 동안 그 비용은 대중이 치른다. 장기적 관점에서 보면 무한 양적 완화는 그저 주택 가격을 포함한 자산 가격을 상승시켜 자산 불평등을 심화시킬 것이다. 국내 대기업부문을 지탱하고 사적 자산을 보호하기 위해 중앙은행들이 무엇이든 할 것이라는 깨달음이야말로 2020년 4월부터 5월까지 벌어진 주식시장 반등의 주된 원동력 가운데 하나다.

　　영국은행, 일본은행 그리고 유럽중앙은행은 모두 각자의 자산 매입 프로그램을 배로 늘렸는데, 그들은 규모뿐 아니라 구매 대상인 자산의 범위 역시 넓혔다. 또한 이들은 연준의 통화 스와프*** 네트워크를 통한 달러 유동성의 지속적 공급에 의존하고 있다. 이 네트워크는 미국 바깥의 비은

*** 중앙은행 간 서로 다른 통화 교환 형식을 이용한 단기 자금 융통을 뜻한다.

행 금융기관들이 보유한 달러표시 채권이 극적으로 늘어나는 상황에서 더욱더 중요해졌으며, 현재는 지구 GDP의 약 14퍼센트에 달할 것으로 추정된다.[16]

전례 없는 공공정책 화력을 퍼부으며 각국의 중앙은행과 재무부가 조성한 수조 달러 상당의 대출과 보조금, 보증은 금융시장의 패닉을 일부 가라앉혔지만 문제를 해소하지는 못했다. 사실 오래된 상환 불능 부채 위에 새로운 부채를 쌓는 행위는 그저 언젠가는 닥칠 결산을 다른 날로 미루는 것에 불과하다.

상대적으로 영세한 업체가 압력을 받아 쓰러지거나 덩치가 더 큰 경쟁자들이 이들을 잡아먹는 식의 합병은 대다수 시장을 지배하는 일반적 경향이 될 것이다. 일부 대기업은 단순히 위기를 견뎌낼 뿐만 아니라 심지어 위기에서 이득을 취할 것이다. 전 세계 최대 기업들 중 다수는 팬데믹 충격 이전에 엄청난 현금 더미 위에 앉아 있었으며, 이는 수익이 줄어드는 시기를 넘기는 데 필요한 완충 장치 역할을 했다. 아마존, 넷플릭스 그리고 여러 거대 소셜 미디어 기업들은 봉쇄로 인해 서비스 수요가 증가함에 따라 적극적으로 이윤을 챙겼다.

　　　이제부터 논의할 내용은 팬데믹의 정치경제학을 이해하려는 예비적 시도이며, 나는 적당한 기회가 오면 이 주제를 본격적으로 다루고자 한다. 지금 급한 것은 지금의 위기가 우리 경제에 끼칠 수 있는 영향을 이해하고 그에 따라 대비하는 일이다. 현재 북반구에서 벌어지고 있는 국가 지출 증가가 우리를 사회주의적 열반으로 인도하지는 않을 것이다. 오히려 로버트 브레너가 쓴 것처럼, 정책 입안자들은 "비금융 및 금융 대기업들의 최고 경영자와 주주들, 나아가 이들과 긴밀히 연결된 주요 정당의 최고 지도자들에게 있어 해당 기업들의 재생산을 보장할 수 있는 유일한 길은 자산시장과 경제 전반에 걸쳐 정치적으로 개입함으로써 직접적인 정치적 수단을 통해 부의 상향 재분배를 재가해주는 것뿐"[17]이라고 결론 내렸다. '코로나 크래시'는 부유한 나라들의 고위 정치인, 중앙은행가, 금융가, 대기업 경영진으로 구성된 한 줌의 과두 집단에 경제 권력과 정치권력이 집중되는 세상을 남길 것이다.

　　　코로나19 위기가 진정되었을 때 우리가 마주하게

될 과업은 이 국면을 이용해 권력과 부를 늘린 자들로부터 통제권을 다시 빼앗아오는 일일 것이다. 그 유일한 길은 국내외 경제·정치 기구들의 급진적인 민주화를 통해 공적 소유 기업, 중앙은행, 지방자치단체, 중앙 국가기구 내에서 노동자, 소비자, 지역사회가 결정권을 얻는 것이다. 또한 최빈국들에 국제 거버넌스 내의 발언권을 보장해야 한다. 대안은 자본주의가 민주주의를 잡아먹어버리지 않도록 감시하는 것이다.

1장 금융자본주의
최후의 날

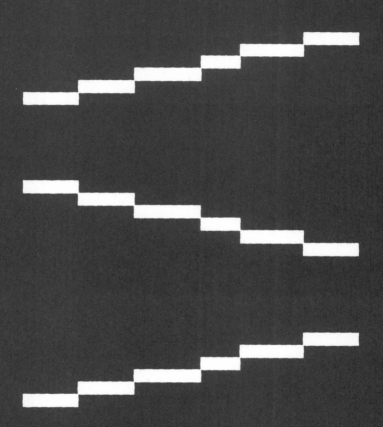

'만드는 자'와 '거저먹는 자'

팬데믹이 강타했을 때 우리는 아직 지난 2008년 위기의 그림자와 그 대응 속에 살고 있었다. 2008년 위기 이후 미국의 회복은 매우 불안정하고 불평등했기에 느슨한 통화정책에도 불구하고 평범한 성장률을 유지하는 데 그쳤고, 성장률이 가장 높은 주와 가장 낮은 주 사이의 격차는 거의 5퍼센트포인트에 달했다.[18] 2018년 미국 평균 실질임금의 구매력은 40년 전과 똑같았다.[19] 반면 기업 부채는 GDP의 75퍼센트라는 신기록을 세웠다. 이는 2000년 닷컴 버블과 2007년 주택 버블 때보다 더 높은 수치다.[20]

영국의 연평균 성장률은 2퍼센트 미만이었다. 이렇게 형편없는 성적이 개선될 전망도 없었다. 팬데믹으로 나라가 불황에 빠지기 전에 영국은행은 2023년까지 연평균 성장률이 고작 1.4퍼센트에 그치리라 예측했다.[21] 오랫동안 민간 투자가 부족한 상태였다. 2018년 독일과 미국의 총고정자본형성*이 21퍼센트를 기록한 반면 영국은 17퍼센트에 불과했다. 또한 영국은 지속적으로 경상수지 적자를 기록했고 이

---

* 생산 주체의 자본재 구입을 보여주는 지표로, 민간부문의 재화 및 서비스 생산자와 공공부문이 고정자본을 추가하는 데 따른 지출액을 합산해 구한다.

는 2018년에 GDP의 4퍼센트 수준에 달했다.[22]

　　　주류 경제학자들은 다른 많은 '선진'국에서도 나타나고 있는 이런 경제적 쇠약을 설명하기 위해 다양한 설명을 발전시켰다. 일부는 이를 '장기 침체'의 맨틀 아래에서 벌어지는 기술 변화 속도의 저하 탓으로 돌렸고, 다른 이들은 공공 부채 증가를, 또 다른 이들은 보호주의 강화를 원인으로 지목했다.[23] 그러나 지난 10년 동안 경제 침체에 대해 주류 경제학이 내놓은 설명의 문제는 이들이 질병의 근본적인 원인을 찾는 것이 아닌 오직 증상만을 확인한다는 것이다. 대다수 경제학자들은 생산성 상승의 급격한 둔화, 정부 부채의 급증, 지구화의 둔화가 벌어지는 이유를 밝혀내지 못했다. 이들은 이 모든 추세가 거의 동시에 대두한 이유를 설명하지 못해 어쩔 줄 모르고 있다.

　　　우선 경제학자들은 금융 위기의 도래를 예측하지 못했고, 바로 그 이유로 2008년 이후 침체의 근본 원인 역시 진단하지 못했다. 그들은 자본주의가 가치를 창출하는 방식을 일관되게 설명하지 않으며 이들의 모델은 지난 40년간 진행된 정치·경제 제도의 광범한 구조적 변동을 설명하기 위해 구축된 것이 아니다. 현대 자본주의 위기의 근본 원인은 순전한 경제 변동이 아닌 정치·경제의 뿌리 깊고 장기적인 변형에서 비롯됐으며, 이런 변형의 제도적 토대는 경제의 금융화가 본격적으로 시작된 1980년대에 마련됐다. 2008년 금융 위기와 이번의 '코로나 크래시' 이후에 겪은 침체 모두의 밑바탕에는 다름 아닌 이 추세, 즉 금융화가 있다.[24]

금융은 산업이나 상업과는 완전히 다른 축적 양식을 의미한다. 금융가들은 그들의 자본을 재화나 서비스를 생산하거나 거래하는 데 사용하지 않으며 금융 자산을 창출하거나 거래하는 데 사용한다. 비록 이들 자산이 궁극적으로 지구 경제 곳곳에서 이뤄지는 생산에 의존하지만 말이다. 이러한 자산은 미래 어느 시점에 일정액의 자본을 상환하기로 약속하는 형태를 취하는 것이 보통이다. 예를 들면 주식은 기업의 미래 수입에 대한 일정한 청구권을 뜻한다. 따라서 주된 금융 행위는 대출, 투자, 투기이며 이 셋은 긴밀히 얽히는 경우가 많다. 금융화란 소수 금융 엘리트의 이득을 위해 근로 대중에게 피해를 입히면서 경제 활동의 전 영역에 금융의 논리, 즉 대출, 투기, 투자의 논리를 침투시키는 과정이다.

1980년대에 시작된 금융화는 경제사에서 금융 주도 성장의 시대 전체를 규정한다 할 수 있을 정도로 지구 경제의 주도적 특징이 됐다.

영국에서 금융화의 가장 뚜렷한 지표는 금융부문 자체의 규모가 급격하게 증가했다는 점이다. 1970년에서 2007년 사이 영국의 금융부문은 영국 경제 전체보다 1.5퍼센트 더 빠른 속도로 성장했다. 금융부문의 이윤은 더욱 빠른 속도로 성장해 2007년에는 경제 전체 이윤의 15퍼센트를 차지했다.[25] 하지만 금융부문 자체의 산출량은 이 부문이 보유한 자산의 증대에 비하면 소소했다. 2007년에 영국 은행들이 보유한 자산 가치는 영국 경제의 5배 규모였다.[26] 금융부문이 창출한 수익의 상당 부분은 부동산 및 보험업(이 부문들이 결합해 마이클 허드슨이 말한 'FIRE부문'*을 이룬다[27])과 맺는 공생관계에서 비롯된다. 이들은 모두 새로운 가치를 창출하는 생산적 경제 활동이 아니라 경제적 지대 추출(비소유자에서 소유자로 단순히 산출량이 이전하는 것)에 의존해 이윤을 창출한다

잘 알려진 대로 케인스는《일반이론》에서 생산적

---

* 금융 Finance, 보험 Insurance, 부동산 Real Estate의 앞 글자를 따서 붙인 이름이다.

자본가에게 토지 같은 희소한 자산의 사용료를 물려 돈을 버는, 이른바 '무위도식하는 금리생활자(지대추구자)'의 '안락사'를 주창했다.[28] 단순하게 보면 영국 경제의 문제는 그 뿌리가 노동자와 책임감 있는 기업을 희생시켜 극소수 엘리트에게 이득을 안겨주는 비정상적 형태의 자본주의를 만들어낸 은행가들에게 있다. 금융 위기는 '만드는 자들makers'에 대한 '거저먹는 자들takers'의 승리로 볼 수 있으며, 그렇다면 유일하게 가능한 해법은 우리의 경제가 금융과 부동산이 아닌 산업에 초점을 맞추었던 시기로 돌아가는 것이다.

금융화된 자본주의는 유례없이 추출적인extractive[**] 경제 조직화 방식일지 모르지만, 그렇다고 금융화가 아니었더라면 건전했을 모델이 금융화 때문에 타락했다는 이야기는 아니다. 오히려 이는 자본주의 자체의 논리에 따라 전개된 과정이다. 자본주의 경제가 발전하면서 이윤은 자연스럽게 임금보다 더 빠른 속도로 증가했고 불평등은 늘어났으며 많은 자본풀pool이 소수 부유층의 손에 축적되었다. 한편 전에 없던 규모로 생산 활동이 벌어지게 되면서 생산적 자본가들은 은행과 투자자들의 외부 자본에 훨씬 더 크게 의존하게

[**] '추출적'이라는 표현은 보통 '생성적generative'의 대립어로 쓰인다. '생성'이 새로운 것을 만들어내 이익을 창출하는 방식이라면 '추출'은 이미 생산된 것에서 이익을 뽑아내는 방식을 말한다.

됐다.[29] 이러한 금융을 제공하고 여기에서 나오는 이윤을 관리하기 위해 금융기관들이 생겨났다. 이들은 이윤을 생산에 재투자해 자본가들을 지원하거나 투기 혹은 비생산적 투자에 활용했다. 이렇게 자본풀이 성장할수록 금융가들의 권력은 막강해졌다. 특히 은행가들은 대부를 통해 새로운 화폐를 창조할 수 있게 됐고, 투자자들은 가까스로 자본의 소유권을 주장하며 이를 활용할 수 있게 됐다. 그리고 이들의 이익은 다른 경제 주체(국가 및 가계)의 이익과 통합되어갔다. 이런 점에서 금융화는 현대 경제의 구성 요소인 가계, 기업, 국가 모두에 영향을 끼친 과정이라 할 수 있다.

　　　현대 법인기업의 금융화를 규정하는 것은 주주 가치 이데올로기의 우위 확보다.[30] 1980년대 이후 주식 소유는 점차 헤지펀드와 연기금 같은 기관 투자가에 집중됐다. 이 과정이 심화되면서 기업 경영진들은 미래 기업 수익성을 증대시키는 방식으로 투자하기보다는 당장 주주들에게 돈을 분배할 수 있는 인센티브를 도입했다. 실제로 비금융 기업들은 가능한 한 최대의 수익을 확보하기 위해 점점 더 많은 금융 활동을 하고 있다.

금융자본주의하에서는 금융기관들이 기업을 소유하고 기업은 금융시장에 투자하는 경향이 있다. 한편 금융가들은 대기업이 상대적으로 소규모인 경쟁업체를 매입하는 데 필요한 자본을 제공한다. 이에 따라 1980년대부터 인수·합병이 이어져 여러 부문에서 시장 집중을 극적으로 증대시켰고, 덕분에 북반구에 본부를 둔 대기업들이 이득을 보았다.[31] 이 모델이 차입금 투자, 시장 집중, 단기주의에 의존하기에 지속 불가능하다는 사실은 중요하지 않다. 자본주의 사업체에게 생산은 핵심이 아니다. 핵심은 이윤이다. 그리고 비금융 기업의 금융화는 이윤을 극대화하는 탁월한 방식이다.

　　주주들에게 더 많은 현금을 분배하는 인센티브가 급증하자 이윤에서 자신들의 정당한 몫을 달라는 노동자의 요구는 더 적대적인 반응과 마주하게 됐다. 1970년대와 1980년대에 국제 경쟁 격화, 스태그플레이션, 노동조합운동의 대량 학살은 모두 북반구의 많은 지역에서 임금을 억압하는 편리한 핑계로 활용됐다. 이 과정에서 발생한 불평등은 한 가지 문제를 야기했다. 임금 하락은 수요 감소를 뜻했고 이는 궁극적으로 수익률을 제약하게 된다.[32] 하지만 1980년대 이후에는 오히려 소비지상주의가 전례 없는 호황을 누리고 있다.[33] 이러한 가계 지출 증가를 뒷받침한 자금은 대부분 실질임금 상승이 아닌 부채에서 비롯된 것이다.

1979년부터 2007년 사이에 나타난 소비자 대출의 극적 증가로 사람들은 전에 없던 풍요를 느꼈고 남반구의 고착취 노동이 생산한 자동차, 아이폰, 노트북 등 사치재를 구입할 수 있었다. 이러한 부채의 일부는 주택과 같은 자산을 구입하는 데 사용됐고 더 많은 대중이 집을 살 수 있게 되면서 주택 가격이 상승했다.[34] 많은 북반구 국가들과 유권자 다수는 자산 가격 상승으로 인한 자본 이득을 통해 새 경제 모델의 물질적 혜택을 맛보았다. 이 '꼬마 자본가들'은 부채주도 자산 가격 인플레이션 모델이 지속해야 금전적 이익을 보는 입장이었다. 연금 사유화는 이 모델이 확대되는 또 다른 결정적 계기였다. '자산 소유 민주주의'와 '연기금 자본주의'는 함께 금융자본과 중간계급 사이의 타협을 지탱했으며, 이는 2008년까지 쭉 지속되다 요즘 들어서야 긴장의 조짐을 보이기 시작하고 있다.[35]

정부 자체도 금융화됐다. 영국에서는 1990년대 민간주도투자private financing initiative, PFI 방식에 따라 관급공사가 공사비를 대는 사기업에 아웃소싱되었고, 정부는 수십 년에 걸쳐 이 비용을 보전해주었다. 민간주도투자는 공적 재원을 사적인 것으로 대체하는 여러 방식 중 하나일 뿐이었다. 그밖에도 연금제도 사유화, 고등교육 시장화, 국영보건서비스NHS 사유화는 모두 공공 서비스의 책임을 민간 투자자에게 넘기는 조치였다. 2008년 금융 위기의 결과로 수립된 긴축 체제는 단지 이러한 '사유화된 케인스주의' 체제의 심화를 보여줄 뿐이었다.[35]

국가는 자신의 재정적 청렴성을 증명하기 위해 민간 자금 조달을 활용했다. 정부가 이런 증명이 필요하다고 생각한 이유 중 하나는 민간 투자자들이 공공 부채 상환 약속을 신뢰하게 만들어야 하기 때문이다. 국채 수요는 수익률과 역(-)의 상관관계에 있다. 수요가 많을수록 이자 지급액은 줄어든다. 이를 통해 시장은 신용도를 유지하겠다는 약속을 지키지 못한 국가를 규율할 권력을 획득한다. 신자유주의 정책을 실행하지 않는 국가는 국채 매각과 통화 지급 청구를 통해 응징할 수 있으며, 이로써 국제 투자자들은 민주적으로 선출된 정부에 영향을 끼치는 막강한 권력을 갖게 된다.[37] 신자유주의 경제정책을 실시하도록 국가를 몰아세우면 장기적으로 국가의 신용도가 하락한다는 사실은 중요하지 않다. 금융자본주의의 시간 지평은 역사상 그 어느 시기보다 짧기 때문이다.

북반구 부국 경제의 금융화는 보다 광범한 금융지구화 과정의 일부다. 이 추세는 북반구에서 무형 경제가 성장하고 있음을 보여주는 징표지만, 여기에서 나오는 이윤은 남반구 상품 생산자들에 대한 고착취에서 비롯된 것이다.[38] 증가하는 투입 비용과 갈수록 더 투쟁적인 부국의 노동자와 직면한 자본가들은 1970년대와 1980년대의 운송비 하락을 기회 삼아 지구자본주의의 주변부로 생산 시설을 이전했다. 중국 같은 일부 지역에서는 이러한 해외 이전 덕분에 국내 자본가계급이 발전했고, 경제 관계가 근본적으로 탈바꿈했다. 다른 곳에서는 이 과정에서 북반구 자본가들에 의한 추출만 늘어났을 뿐이다. 남반구의 많은 신흥 독립국은 중국 정부와는 달리 국내 산업을 지원할 여력이 없었기 때문에,

국외 상품 추출과 동시에 노동자들로부터 잉여가치를 추출해가는 다국적기업에 외국인직접투자가 집중됐다. 반면에 북반구는 남반구의 국내 자본가와 공무원들에게 뇌물을 던져주면서 이윤을 북반구로 갖고 왔다. 북반구 자산시장은 제국 질서의 주변부에서 생산으로 얻은 이윤의 대부분을 조세회피처를 거쳐 빨아들였으며, 이는 금융화 과정을 뒷받침하고 북반구와 남반구 사이의 불평등을 심화시켰다.[39]

찬란한 금융 주도 성장의 민낯

지난 40년에 걸쳐 부상한 금융 주도 성장 체제는 자본주의 사상 처음 등장한 독특한 축적 양식은 아니다. 금융 주도 체제 이전에 존재한 성장 체제는 '전후 합의', '사회민주주의 합의' 혹은 '케인스주의 합의' 등 다양한 이름으로 불렸다.[40] 이 성장 모델은 제2차 세계대전 이후 자본에 대해 노동의 힘이 상대적으로 강해짐에 따라 이러한 세력 균형을 국내 수준으로는 국가 계획 확장을 통해, 국제 수준으로는 브레턴우즈 체제 수립을 통해 제도화함으로써 뒷받침됐다. 이 모델에서 국가는 공공 지출을 통해 완전고용을 촉진하는 데 주력했다. 국가의 노력을 통해 조직 노동의 힘이 강화됐고, 이로써 조직 노동과 국민국가의 코포러티즘corporatism* 적 관계가 발전했다. 1944년 브레턴우즈 회의에서 합의된 자본 통제와 고정환율제는 서방 진영에서 사회민주주의의 발전을 뒷받침했고 고성장, 저실업, 불평등 완화의 독특한 시기가 열리도록 도왔다.

하지만 이러한 체제가 완성되자마자 거의 곧바로 전후post-war 합의의 모순이 나타났다. 자본 이동 통제는 런던의 '시티City'** 에서 규제받지 않는 유로달러시장이 등장하자 허물어졌다.[41] 세계 초강대국(미국)이 해외의 새로운 산업 경쟁자들*** 과 마주하고 베트남 전쟁 지출이 증가하자 닉슨은 1971년에 달러의 금 태환 중지를 선언했다. 2년 뒤 유가 급등으로 인플레이션이 활개쳤고 서방 세계 전역에서 자본과 노동의 분배 갈등이 폭발했다. 브레턴우즈에서 탄생한 고정환율제가 붕괴하고 10년간 거의 끊임없이 노사 갈등이 벌어지며 경제 침체와 정치 격동이 계속됐다. 그 결과 국제

---

* 국가가 자본과 노동의 타협을 중재하고 이들을 정책 결정에 참여시킴으로써 결과적으로는 이들을 안정적으로 관리하는 통치 형태를 말한다. 이탈리아 파시즘이 처음 주창했지만 실제로는 전후 서구 자본주의 국가들에서 케인스주의 체제의 일부로 실현됐다.

금융계 내 지지자들의 주의 깊은 시선을 받으며 대안적 성장 모델에 대한 지지를 결집할 특정한 행위자들, 즉 신자유주의 학자와 정치인들의 무대가 펼쳐졌다.

　이 점에서 영국만큼 뚜렷한 나라도 없었다. 오랫동안 '세계를 휩쓰는 마르크스주의 혹은 케인스주의 계획'의 흐름을 허물어뜨리려 했던 우익 사상가들은 자신들의 극단적인 자유시장 의제를 이행하고자 마거릿 대처의 출마에 모든 것을 걸었다.[42] 대처는 자본 이동 제한을 철폐하고 은행과 금융시장 규제를 폐지하여 시티에 거의 유례없는 호황을 안겨주었다. 그녀는 국유 기업을 사유화하고 세금을 깎았으며 영국의 노동조합운동과 전쟁을 시작했다.

　대처는 노동조합에 맞선 전쟁을, 석탄과 철강 같은 더럽고 안전하지 않은 산업에서 벗어나 경제 활동을 다시 금융과 전문직 서비스에 집중시킴으로써 영국 경제를 '현대화'하는 전략의 일부라고 둘러댔다. 결국 금융부문이 확장됨에 따라 영국 각 지역의 탈산업화라는 장기 추세로 이어지는 확대재생산이 시작됐다. 영국 금융시장과 북해 원유로 자본이 유입되면서 파운드의 가치가 올랐고, 이 때문에 영

***

** 런던 중심가의 금융기관 밀집지로 월스트리트의 모델이 됐다. 1960년대 미국의 뉴딜형 금융 규제가 미치지 않는 시티에서 유로달러시장이 구축되면서 신자유주의의 기반이 처음 만들어졌으며, 이후 월스트리트 이상으로 국제금융자본의 거점 역할을 했다.
*** 1960년대에 미국 자동차산업을 위협하며 미국이 무역수지 적자를 기록하게 만든 두 나라, 서독과 일본을 말한다.

국 제조업체들이 국제시장에서 경쟁하기가 더 힘들어졌다.[43] 1970년에는 제조업부문이 영국의 총부가가치의 27퍼센트를 차지한 데 비해 금융 및 보험부문은 5퍼센트에 불과했지만, 2007년에는 제조업과 금융업 각각이 약 10퍼센트를 차지했다.[44] 제조업 일자리 중 대다수는 사실 사라지지 않았다. 세계의 다른 곳으로 수출됐을 뿐이다. 영국 경제는 국제화·금융화됐으며 지구 가치 사슬의 밑바닥에서 벌어지는 고착취를 전제로 고임금을 받는 전문관리직 계급이 중요한 존재로 부상했다.[45] 오늘날 영국 경제는 다른 어느 G7 국가보다도 서비스부문에 더 많이 의존하고 있다.[46]

하지만 하위 중산층과 노동계급으로 이뤄진 다수 대중은 대처의 경제 변혁으로 이득을 얻지 못했다. 국가가 거시경제정책의 목표를 완전고용 실현에서 인플레이션 방지로 바꾸고 반노동조합 입법과 더불어 노동의 프레카리아트precariat*화를 초래하자, 노동자의 힘은 고용주에 비해 철저히 약해졌다. 저임금과 최소 국가가 결합한 상황에서 가계는 마이너스 저축과 신용 대출에 의존해 소비 자금을 확보했고, 기업은 이렇게 대출로 유지되는 소비에 의존해 수익을

---

* '불안정한precarious'과 '프롤레타리아proletariat'를 합성한 신조어다. 2010년대부터 가이 스탠딩 등의 학자들을 중심으로 불안정·비정규직 노동자들을 '프레카리아트'라 부르기 시작했다.

냈다. 사유화된 케인스주의를 통해 공공 지출은 사실상 부채 의존형 소비로 대체됐다.[47]

여전히 대부분의 고용은 공공부문과 민간부문의 사무원 지위로 고용된 사람들, 소매·접객·물류 같은 저임금 서비스에 고용된 사람들, 영국 제조업부문의 남은 부분에 고용된 사람들이 차지하고 있다.[48] 대처는 이들 중 상대적 고임금층에 자산 소유권, 특히 주택과 사적 연금 확보의 기회를 제공해 지지를 얻어냈다.[49] 그는 신용 통제를 폐지하고 주택조합을 주식회사로 전환하여 담보대출이 급증하도록 장려했고, 동시에 지방자치단체가 소유한 공공임대주택을 임차인에게 할인가로 매각하는 정책right-to-buy을 추진했다.[50] 이는 영국 정부가 이제껏 실시한 사유화정책 중 최대 규모였다. 점점 더 많은 대출이 주택으로 향하는데 주택 신축은 드물어지자 주택 가격이 급등했다.

영국의 부동산은 유용한 상품에서 고가의 금융자산으로 바뀌었고 평범한 노동계급 가정은 이로부터 막대한 자본 이득을 얻었다.[51] 2017년 영국의 소비자 물가지수는 1979년 대비 약 5배 증가했는데, 같은 기간 주택 가격은 거의 10배 수준으로 뛰었다. 많은 주택 소유주는 새로운 자산을 구입하거나 아예 일상 소비를 위해 주택자산 유동화equity release 프로그램*을 활용했다. 주로 담보대출로 구성된 영국의 가계 부채는 2008년 가처분소득의 148퍼센트에 달했고, 이는 사상 최고 수준이었다.[52]

　　미국처럼 영국 은행들도 이런 저당 증서들을 묶어 증권으로 만들었고, 이를 국제 자본시장에 판매할 수 있었던 덕분에 더 많은 대출 여력을 확보했다. 은행 대출이 높은 수준에 이르자 넓은 의미의 통화**공급이 증가했고, 이 모든 새 화폐 때문에 자산 가격이 급등했다.[53] FTSE 100 지수는 1984년 1000포인트에서 1999년 6000포인트 이상으로 급상승했고, 일정 기간 하락세를 이어가다가 2006~2007년에 1999년 수준을 회복했다.[54] 영국 은행들이 발행한 새로운 금융 증권을 구매한 것은 세계 곳곳의 투자자들이었다. 자산 가격이 오르자 더 많은 국제 자본이 몰렸고 많은 이들이 잔치가 끝없이 계속되리라 믿는 확증편향 순환이 시작됐다. 그러나 사적 신용의 지속적인 확장을 전제로 하는 모든 모델이 그렇듯이 이 모델도 결국은 지속 불가능함이 입증됐다. 자본

---

* 고령층이 주택자산의 일부 지분을 현금화하여 사용할 수 있게 하는 역모기지 제도를 말한다.

** 현금뿐만 아니라 정기 예금, 요구불 예금, CD 등을 포함하는 의미에서의 통화를 말한다.

이동과 금융 규제 철폐가 결합한 결과로 거대한 투기 거품이 등장했고, 이는 결국 터지고 말 운명이었다.

2008년 금융 위기와 자본주의의 배신

2008년 9월 12일 미국 정부가 리먼 브라더스의 부도를 결정하자 금융시장은 자유낙하 상태에 빠졌다. 국제 은행업계가 고장 나고 지구 자본 흐름이 끊기면서 영국에서는 금융부문이 개발한 증권화, 파생상품 거래, 환투기 등의 축적 전략이 산산조각 났다. 런던의 시티에 의존하던 컨설턴트, 회계사, 법률가 패거리는 국내·국제 고객들의 수요가 사라지면서 고난을 겪었다. 물론 부동산부문은 처음부터 완전히 마비됐다. 소매 거래부문, 물류, 제조업에 걸친 영국 자본의 하위 부문들 역시 위기로 인한 수요 감소로 타격을 입었다.

금융 붕괴의 방아쇠는 미국의 서브프라임 담보대출이었지만, 그 기원은 미국과 영국 그리고 전 세계의 다른 많은 나라들이 추구한 금융화된 성장 모델에 있다. 이후에 나타난 모든 병적 징후, 즉 투자 감소, 임금 정체, 실물 경제의 낮은 생산성은 그 뿌리를 거슬러 올라가면 금융 주도 성장 논리에 이른다. 이 시스템은 세기 전환기에 출현한 지구 자본주의의 근본적 약점을 감추기 위해 사적 부채와 투기적 투자에 의존한다.

정책 입안자들은 2008년 위기를 초래한 근본 문제들을 짚기는커녕 위기 이전 세계로 돌아가려는 수작을 부렸다. 얼마 안 가 주요 자본주의 국가들은 은행들이 단지 현금이 부족한 비유동적인 상태에 있는 게 아니라, 채무 상환이 완전히 불가능한 지급 불능 상태에 있음을 깨달았다. 이 시점에 그들은 구제 조치를 통해 금융 시스템을 지원했으며 이로써 국가는 세계 최대 금융기관들 중 다수의 대주주가 됐다.

그 다음으로 세계 4대 중앙은행은 새로운 화폐를 발행해 자산(대부분 자국 국채)을 매입하는 방식으로 약 10조 달러를 금융 시스템에 퍼부어 자산 가격 인플레이션의 새로운 장을 열었다. 양적 완화 덕택에 2008년의 충격에 이어졌어야 할 자산 가격의 조정은 저지됐고, 오히려 포트폴리오 재조정 채널portfolio rebalancing channel*을 통해 자산 가치가 상

---

* 양적 완화의 정책 수단 중 하나이다. 중앙은행이 보유한 안전 자산을 시장에 내놓음으로써, 민간 투자자들이 국채가 부족한 상황에서 이를 대신할 안전 자산을 중심으로 포트폴리오를 재구성하게 하는 조치를 말한다. 중앙은행은 국채보다 리스크가 큰 금융 상품들을 사들임으로써 이들 자산의 이자 수익률을 낮출 수도 있다.

승했다. 즉 중앙은행들은 국채를 현금으로 대체함으로써 국채 수익률을 낮추고 투자자들에게 다른 자산들을 구매하도록 독려했다.[55] 북반구의 경제 침체와 전 세계적 성장률 둔화는 생산적 투자를 제약했고 이에 따라 해당 영역의 자본은 주식, 회사채, 부동산 같은 기존 자산 구매로 향했다. 그 결과는 주가 상승, 회사채 시장 거품, 부동산 가격의 급등이었다. 특히 부동산이 '또 하나의 자산군asset class'**이라 여겨지는 런던에서는 부동산 가격이 폭등했다.[56]

이후 몇 년 동안 많은 나라가 금융 붕괴가 실물 경제에 끼치는 충격을 제한하기 위해 재정 부양책을 수용했다. 처음에 미국과 영국, 두 나라는 과거 대공황을 초래한 수요 급락을 막고 일자리 상실을 완화하기 위해 대규모 경기부양 프로그램을 시행했다. 그러나 GDP의 최대 약 20퍼센트를 경기부양에 사용해 또 다른 공황에서 지구 경제를 구한 것은 중국이었다.[57] 엄청난 국가 투자는 중국 경제뿐만 아니라 그 주요 무역 상대국들의 경제까지 보호했다.

이어서 유로 회원국인 탓에 통화정책을 제대로 펼치지 못해 2008년 금융 붕괴에 대응이 늦어진 피그스PIIGS(포

** 동일한 속성을 지니면서 시장에서 비슷한 움직임을 보이는 증권들의 집합체를 뜻한다. 예를 들어서 금융시장에서는 주식, 채권, 부동산, 단기금융상품 등을 각각 하나의 자산군으로 분류해서 다룬다.

르투갈, 이탈리아, 아일랜드, 그리스, 스페인)에 재정 위기가 덮쳤다. 트로이카(유럽연합 집행위원회, 유럽중앙은행, 국제통화기금)는 구제금융의 조건으로 그리스와 같은 나라들에 가혹한 긴축 조치를 강요했다. 영국은 정부에 재정 위기 조짐이 전혀 없었는데도 강력한 긴축정책을 실시했다. 세계 여러 나라들 가운데 19세기 이후 생활수준의 가장 심각한 정체라 할 만한 사태를 경험한 것이 바로 이들이다.

이 시기 내내 영국 자본의 국내부문과 보수당 투표층의 이익은 차입 비용을 낮은 상태로 유지했던 극도로 느슨한 통화정책을 통해 보호받았다. 이런 조치가 없었더라면 파산했을 기업들이 낮은 금리 덕분에 연명할 수 있었다. 소비자 중에서는 소득이 높고 자산을 보유해 대출 신용등급이 가장 높은 사람들이 저금리의 주된 수혜자였다. 연금 인출 규정이 바뀌면서 저금리 덕분에 이들은 더 많은 자산, 특히 주택 자산을 더 쉽게 획득할 수 있게 됐다.[58] 보수당은 엄격한 재정정책과 느슨한 통화정책의 결합을 통해 유례없는 난세에 영국 자본의 이익을 보호하는 놀라운 위업을 달성했으며, 투표연합을 재구축해 2010년 이후의 모든 선거에서 다수당이 됐다.

하지만 코로나19 위기가 시작될 무렵 이 모델의 균열이 드러나기 시작했다. 실물 경제에 활력이 거의 없는 상황에서 느슨한 통화정책은 단지 자산 가격을 떠받치기만 했고 다른 조건이었다면 지속 불가능하게 보였을 수준으로 빚을 장려했다. 영국 노동자들의 실질임금은 2007년의 수준보다 높지 않았는데, 이로써 금융공황 이후 10년은 나폴레옹 전쟁 이래로 가장 긴 임금 정체기가 됐다. 반면 소득 불평등은 증가하고 있었다. 이 새로운 증거는 1990년대 이래 소득 불평등이 광범하게 안정된 상태를 유지하고 있다는 통념을 반박한다.[59]

부의 불평등은 더욱 극심해졌다. 소수의 초부유층이 우리의 기업과 은행, 그리고 토지를 소유하고 통제했기 때문이다.[60] 청년들이 그들의 부모가 했던 방식으로 자본을 획득하기란 불가능해졌다. 임금을 극도로 낮은 상태에 머물게 한 재정 긴축과 생산성 위기 때문에 청년들의 주택담보대출은 더 힘들어졌다.[61] 이러한 임금과 공공정책의 추세 속에서 많은 이들은 퇴직을 꿈도 꾸지 못했고, 설령 은퇴하더라도 광범한 경제 침체 상황에서 연기금이 연금 지급 책임을 이행하기는 쉽지 않았다.[52] 금융 위기는 신자유주의의 정책에 대해 독특한 질문을 던졌다. 자기 자본 소유를 전혀 기대할 수 없는 청년들이 왜 자본주의를 지지해야 하는가?

소비자 지출을 연료로 삼았던 각국 경제에서는 2008년 금융 위기 이전부터 발전한 사유화된 케인스주의 체제가 위기 이후 10년 동안 더욱 강화됐다. 가계는 빚을 너무 많이 진 상태여서 새로운 위기를 피하려면 계속 낮은 금리가 유지되어야 했지만 이는 부채 수준을 높일 뿐이었다. 일본과 영미권에서 가장 익숙한 이 모델은 지난 12년 동안 전 세계로 퍼져나갔다.[53] 오스트레일리아, 뉴질랜드, 캐나다에서는 팬데믹 이전에 가계 부채 증가, 부동산 가격 상승, 경상수지 적자 급증의 결합 등 익숙한 일련의 과제가 대두했다.[54] 남반구, 특히 중국에서도 가계 부채가 증가하기 시작했다.

이윤이 낮은 상황에서 기업은 투자를 하지 않았고 임금도 올리지 않았다. 대신 이들은 스스로 창출할 수 있는 수익과 저렴하게 늘릴 수 있는 부채를 이용해서 주주에게 줄 배당금을 늘리고 자사주를 매입했으며 다른 기업을 인수 혹은 합병했고, 심지어 구글과 아마존은 다른 기업의 부채를 매수했다. 이들은 본질적으로 은행처럼 행동한 것이다.[55] 생산에 대한 투자는 거의 없는데도 늘어난 기업 부채는 현재와 미래 경제 성장에 보다 강력한 제동을 걸었다.

《거시경제학의 나머지 절반과 지구화의 운명》에서 리처드 쿠가 주장한 대로, 부국들은 1990년대 거품경제 붕괴 이후 일본이 밟은 길을 뒤따르는 것처럼 보인다.[55] 붕괴 이후 일본은 중앙은행의 대차대조표가 GDP의 100퍼센트에 이르게 한 지속적 양적 완화* 등 극도로 느슨한 통화정책을 통해서만 낮은 성장률이나마 간신히 유지할 수 있었다. 이러한 장기 침체는 생산적 투자가 아닌 투기에 사용되는 민간 부채의 지속적인 증가에 바탕을 둔 경제 모델의 논리적 귀결이다. 결국 유럽과 북미에서도 민간 부채 증가는 투자와 소비를 약화시켰다. 게다가 영국과 유로존에서는 파괴적이고 몰상식한 긴축 논리가 문제를 가중시켰다.

취약한 실물 경제와 호황을 누리는 자산시장 사이의 간극에서 산더미 같은 부채가 생겨났다. 지구 경제는 금융 위기 직전보다 몇 배나 더 많은 과잉 부채(약 244조 달러)**와 마주하고 있었다.[57] 특히 미국과 영국에서는 양적 완화와

---

* 통화를 지속적으로 공급해서 일본은행의 재무 규모를 GDP의 100퍼센트 수준에 이르게 했다는 의미다.
** 2021년 2월 IIF의 통계에 따르면 부채 규모는 약 281조 달러로 2020년 대비 크게 상승했다.

저금리 때문에 기업 부채가 급증했다. 부채 증가와 더불어 양적 완화에 따른 자산 가격의 지속적 상승이 기존의 불평등을 악화시켰고, 시스템 전체를 파괴의 위험에 빠뜨릴 수 있는 지구화에 대한 반발을 유발했다. 소득은 낮고 저축은 고갈됐으며 부채 수준은 높은 상황에서 경기순환의 평범한 변화만으로도 북반구 전역의 가정이 엄청난 경제적 어려움을 겪을 수밖에 없었다. 바로 이런 난세에 2020년 벽두부터 코로나19 위기가 다가왔던 것이다.

2장 국가독점자본주의로의 진입

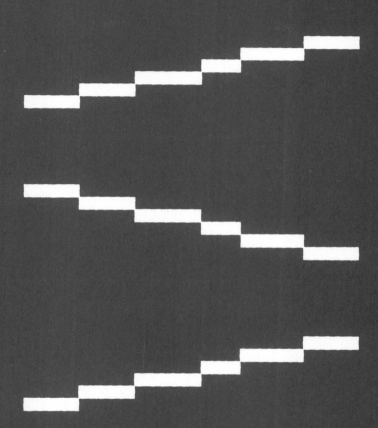

'독점-금융' 혼종의 탄생

2020년 3월 마지막 주, 세계 주요 중앙은행들은 기업 경제를 구제하고 채권시장의 거품이 터지는 것을 막기 위해 "할 수 있는 모든 조치를 다 취하겠다"고 서약했다. 미국의 한 자산 관리자는 2008년 이후의 양적 완화처럼 "미국 주식회사의 신용을 위한 연준의 새로운 안전장치가 우리와 영원히 함께할 것"이라고 논평했다.[58] 대기업과 자본주의 국가의 상호침투 증대는 새로운 국가독점자본주의 시대의 주된 특징이 될 것으로 보인다. 국가독점자본주의에서는 주요 정치인, 금융가, 대기업 경영진의 이해관계가 오스트리아 경제학자 루돌프 힐퍼딩이 1910년에 제시한 개념인 '총카르텔 general cartel'과 유사한 수준으로 일체화된다.[59]

경제 위기는 시장 집중의 기회가 되는 경향이 있고 '코로나 크래시'에서도 이러한 집중이 스테로이드 처방처럼 여겨질 것이다. 위기가 끝날 때쯤에는 전보다 더 적은 수의 기업만 남을 것이며 살아남은 기업들은 규모 면에서나 정치권력 면에서나 훨씬 더 중요해질 것이다. 중소기업의 잔해들은 대기업 경쟁자들에게 짭짤한 수집품이 될 것이다. 마르크스가 쓴 것처럼 "자본은 어느 한 곳에서 단일하게 집중된 채로 거대하게 자라난다. 이는 다른 곳에서 그만큼 잃는 이들이 있기 때문에 가능한 일이다." 마르크스는 자본 집중이 "자본주의 생산 자체의 내재적 법칙" 가운데 하나라고 인식했다.[70] 생산이 자본 주도적 성격을 띨수록 기업의 경쟁력은 새로운 기계와 기술에 투자하는 소유주의 능력에 더 의존하게 된다. 더 많이 투자할 수 있는 대기업은 규모가 작은 경쟁자들을 잡아먹고, 그 결과 시장이 집중된다. 이러한 집중은 신용 제도의 진화를 통해 강화된다. 즉 거대 기업은 더 많은 신용에 접근할 수 있고 그 덕분에 기술 투자를 통해 경쟁자들을 앞지를 수 있게 된다. 중소기업이 도산하면 이들의 자산은 덩치가 더 큰 대기업에 최저가로 매입되는 경향이 있다.

　　제1차 세계대전 직전에 힐퍼딩은 거대 기업과 금융기관 사이의 관계가 점점 더 긴밀해지면서 결국에는 '단일한 권력'이 부상해 사실상 자본주의 생산을 계획하게 되리라 예견했다. 레닌은 시장 집중 강화가 어떻게 국가 간 관계에 영향을 끼치는지를 분석하며 자신의 사상을 구축했다. 그에 따르면 정치인들은 대기업의 이익을 뒷받침하기 위해 국가 권력을 이용했으며 결국에는 국가의 이익과 대기업의 이익에 도대체 무슨 차이가 있는지 알아보기 힘들 정도가 되었다. 국가를 등에 업은 다국적기업들이 시장을 개척하기 위해 벌이는 경쟁은 새로운 자본주의적 제국주의 시대를 열었다.

《먼슬리 리뷰》*의 폴 바란과 폴 스위지는 1945년 이후 미국의 군사주의('군비 경쟁')와 능구렁이 같은 '매드 멘 Mad Men'*** 마케팅이 공고화 국면에 있던 법인기업자본주의에 날개를 달아주었다고 주장했다. 그러나 이들 앞에는 장기 침체가 기다리고 있었고, 이는 뒤이은 1980년대의 예기치 않은 금융화를 통해 잠시 연기됐지만 그 바람에 법인기업 구조는 불안정해졌다. 새로운 '독점-금융' 혼종 안에서 권력이 이사회실로부터 주식 거래소로 이동했던 것이다. 한편 세계의 경찰 미국은 주변부에서 벌어진 신자유주의 구조조정의 최종 보증자 구실을 했다.[71]

그렇다면 오늘날은 어떠한가? 워싱턴이 무역 경쟁자이자 지정학적 경쟁자 중국을 세계 2위 경제대국으로 키

---

* 1949년에 창간된 미국의 좌파 월간지로, 스위지와 바란이 창간을 주도했으며 지금도 꾸준히 발간되고 있다.
** 1950년대에 미국에서 광고 전문가를 뜻하던 속어다. 여기에서 'mad'란 광고업체가 밀집해 있던 뉴욕 맨해튼의 메디슨가Madison Avenue를 뜻한다. 2007~2015년 미국에서는 1960년대 광고업계를 다룬 〈매드 멘〉이라는 드라마가 방영됐다.

우고 북반구에 본부를 둔 독점기업들이 지구 경제에서 더 큰 부분을 지배하게 된 상황에서 나는 다음과 같이 주장한다. 2008년과 2020년의 결과로 금융기관뿐만 아니라 이제는 비금융기관까지도, 즉 '독점-금융' 혼종의 완전체가 국가의 수중에 떨어지게 되었으며 이들은 완전히 영구적으로 국가에 의존하게 됐다.

영원히 국가에 의존하는 자본

앞에서 2008년 이후에 금융 시스템을 안정시키기 위해 전례 없는 장기간의 국가 개입이 필요하게 된 곡절을 살펴봤다. 국가 개입이 없었다면 국제 금융 시스템이 붕괴되면서 막대한 규모의 부동산과 전문직 서비스부문도 덩달아 무너졌을 것이다. 은행들은 '망하기엔 너무 컸으며' 은행가들 역시 '교도소에 가기엔 너무 거물'이었다. 한편 금리가 조금만 높았다면 틀림없이 망했을 부채 의존 기업들은 결국 저금리 덕택에 살아남을 수 있었다. 저렴한 대출에 접근할 길을 극적으로 넓힘으로써 중앙은행들은 사실상 경쟁 시장을 규제하는 요소가 되어야 했던 슘페터적 힘*을 무력화시켰고, 성장할 힘이 없는 회사들의 수명을 연장시켜주었다.[72] 하지만 2020년 불가피한 경기 침체가 닥치고 수익이 하락하자 이른바 '좀비 기업들'의 취약한 회계 장부에 즉각적인 충격이 나타났고 다수 기업이 지급 불능 상태에 빠졌다.[73]

양적 완화는 이 문제를 더욱 악화시켰다. 자산 가격 상승 때문에 대출 규모는 더 커졌고 다른 한편 수익을 얻으려는 투자자들의 시도는 신용도가 낮은 기업들의 차입 비용을 감소시켰다.[74] 미국 채권시장 관측통들은 당시 상황을 거품이 폭발할 때만 기다리고 있는 것이라고 묘사했다. 영국의 논평가들이 내놓은 결론도 마찬가지였다.[75] 실제로 1987년 주식시장 붕괴에 뒤이은 '그린스펀 풋Greenspan put'** 이후 투자자들은 시장 붕괴가 닥치면 정책 입안자들이 금리를 낮추리라는 사실에 기대를 걸었다.[76]

중앙은행들은 2008년 금융 위기의 대책으로 실시한 자산 구매 프로그램을 좀처럼 완화할 수 없음을 보여주었다(일부 중앙은행은 아예 시도하지도 않았다). 비정통적 통화정책

---

* 경제학자 조지프 슘페터는 경기순환 과정에서 혁신이 단행돼 혁신 주도 기업·산업을 중심으로 시장이 재편된다고 주장했다. 혁신에 뒤처진 기업·산업은 이 과정에서 살아남지 못하기 때문에 이것은 '창조적 파괴'의 과정이기도 하다. '슘페터적 힘'이란 이러한 혁신의 노력을 뜻한다.

이 계속 필요한 이유 중 하나는 많은 정부가 채권 자경단들이 가하는 위협과 '지속 가능한' 국가채무비율이라는 그들의 준칙에 사로잡혀 생산성과 투자 촉진을 위한 정부 지출을 거부했기 때문이다.[77] 그러나 훨씬 더 중요한 요인은 금융 위기 자체에서 빠져나오는 전 지구적 '회복'이 그야말로 허약하다는 것이었다. 지구자본주의가 경화증에 걸려 있었기에 정책 입안자들은 극도로 느슨한 통화정책을 통해 이를 떠받쳐야 하는 형편이었으며, 통화정책은 대출과 자산 가격을 인위적으로 상승시키는 우회적이고 지속 불가능한 메커니즘 말고는 달리 성장에 영향을 줄 수 있는 방법이 없었다.

은행, 기업, 투자자들은 다음 위기가 닥치면 중앙은행들이 느슨한 통화정책을 한층 더 강화하는 것 외에 다른 선택을 할 수 없음을 잘 알고 있었다. 좀비 기업들은 중앙은행가들의 관대함 덕에 연명했으며, 국제 독점기업들은 저임금과 조세 회피를 바탕으로 노동자를 착취하고 생산을 제한함으로써 이윤을 얻었다. 대자본이 더욱더 높은 수준으로 "비참, 억압, 노예제, 퇴보, 착취"를 세상에 풀어놓을 수 있다는 마르크스의 경고가 실현되는 것처럼 보였다.[78]

***** 전 연준 의장 앨런 그린스펀과 풋옵션 put option의 합성어다. 그린스펀은 1987년 주식시장 붕괴 직후에 현재의 양적 완화의 선구격인 정책을 펼쳐 금융기관 부도를 막고 자산 가격 거품을 조장했다. 월스트리트는 주식시장에서 하락세가 예상될 때 투자자를 보호하는 풋옵션처럼 위기가 닥치면 연준이 구제해줄 것이라는 기대에서 당시 조치를 '그린스펀 풋'이라고 불렀다.

21세기 독점자본은 곧 빅테크 기업

지난 몇 년 동안 많은 테크 기업의 든든한 기반이 된 매력적 이미지와 앞서 언급한 독점기업의 특징은 어떻게 부합할까? 많은 테크 기업은 유용한 서비스를 무료나 헐값에 제공하기에 이용자들에게 큰 인기를 얻고 있다. 이러한 회사들이 한계비용 제로*로 생산할 수 있는 서비스를 팔면서 보통 수준을 훨씬 넘는 이윤을 거두기란 매우 어렵다. 즉 구글이 고객에게 웹 검색 요금을 물리기 시작하면 이용자들은 그저 다른 검색 엔진으로 이동하기만 하면 되며, 다른 검색 엔진은 새로운 수요에 맞춰 쉽게 서비스를 확장할 수 있을 것이다. 그 결과 많은 디지털 서비스의 가격은 낮거나 제로(0)다.

한계비용 제로인 생산의 역학은 가격 하락으로 귀결되기도 하지만 또한 독점과 지대추구화rentierisation 경향을 유발한다.[7] 이는 빅테크 기업들의 사업 모델이 디지털 서비스 무상 제공에 의존하지 않기 때문이다. 이런 전략으로는 어떤 이윤도 창출할 수 없다. 대신 이들은 이용자들이 생산

---

* 한계비용marginal cost이란 경제학에서 생산량을 한 단위 증가시키는 데 필요한 비용의 증가분을 뜻한다. 정보산업에서는 비용 증가분이 0에 수렴, 즉 생산비 증가분이 사실상 없다고 하여 '한계비용 제로'라 한다.

한 매우 고가치의 상품인 데이터를 수집해 이를 광고업자, 조사기관, 그리고 국가에 판매한다.[80] 빅테크 기업들에 의한 데이터 추출과 상품화는 경제적 지대地代를 창출하는 새로운 모델이다.[81] 특정 온라인 '공간'의 독점화에 바탕을 둔 사업 모델은 네트워크 효과*를 활용해 거의 완전한 시장 지배를 확립한다. 독점 지배력은 이용자의 데이터를 무료로 사용하며, 게다가 데이터의 대부분을 충분한 개인 정보 보호도 없이 획득하는 데 이용된다. 가격이 생산비를 초과하지 않는 것처럼 보이기 때문에 신고전파 경제학자들은 독점의 존재를 감지조차 못한다. 하지만 그 결과로 노동자, 공급자, 납세자 그리고 심지어는 소비자까지 모두 고통받고 있다.

또한 빅테크 기업들은 독점 지배력을 강화하기 위해 고안된 또 다른 모략에 가담한다. 일부는 경쟁자들을 불리하게 만들기 위해 설계된 반反경쟁 책략을 써먹고, 다수는 이윤을 늘리기 위해 다양한 탈세 기법을 활용하며, 거의 모두는 지방자치단체 및 중앙 정부와 은밀한 우호 관계를 맺는다. 이는 경쟁자들에게는 접근이 거부된 편파적 조치로 이어지는 통로가 되는 경우가 많다.[82] 국가는 이들이 더욱더 많은

* 특정 상품에 대한 어떤 이의 수요가 다른 이들의 수요로부터 큰 영향을 받는 상황을 일컫는다. 네트워크 효과가 있는 경우에 일단 어떤 상품에 대한 수요가 형성되면 이는 다른 이들의 선택에도 커다란 영향을 끼치게 된다.

권력을 획득하더라도 수수방관하며, 오히려 수시로 보조금을 지급하고 규제 차익regulatory arbitrage**을 못 본 척하며 투자 유치를 위해 다른 국가들과 경쟁하곤 한다.

　　　팬데믹이 심각해지자 빅테크 기업들이 최대 수혜자로 부상했다. 마이크로소프트, 애플, 알파벳,*** 아마존, 페이스북은 현재 S&P500 지수의 전체 가치 가운데 약 20퍼센트를 차지하며, 제프 베조스는 세계 최초의 조만장자로 등극하려는 참이다.[83] 이들 기업 주식이 이토록 잘 나가는 이유 중 하나는 그들의 사업 모델 덕분에 바이러스가 유발한 봉쇄의 충격에 대해 다양한 수준에서 면역성을 보인다는 데 있다. 그들은 온라인에서 여러 서비스를 제공하고 여러 제품을 판매하기에 대다수가 매출이 감소하지 않았다. 실제로 이들 기업 중 일부는 자가 격리 중인 소비자들이 일하고 소비하며 위안거리를 찾느라 온라인에 모여들면서 수요가 폭증했다. 아마존은 증가한 주문에 대처하느라 17만 5000명의 임시직을 추가로 고용했다.

　　　그러나 이들 기업 주식의 상당수는 팬데믹 이전부터 다른 기업을 앞서나가고 있었다. 일부 애널리스트는 빅테

** 어떤 거래가 특정 국가에서 금지되거나 강력한 규제와 과세의 대상이 될 경우에 기업이 이를 피해 다른 나라로 이전함으로써 더 많은 이익을 거두는 경우를 뜻한다.

*** 2015년에 구글의 자회사를 이전하기 위해 설립된 지주회사다.

크 기업들에서 새로운 거품이 나타나고 있다고 주장했다. 다른 이들은 테크 기업들의 사업 모델이 강력하기에 주식 가치가 지금처럼 높게 평가될만하다고 주장했다. 제3의 설명도 있다. 위기조차 빅테크 기업들을 흔들 수 없음이 분명해 보이고 이들의 주가가 높은 것은 기업의 사업 모델이 지닌 강점이 아니라 시장 지배력 때문이라는 것이다. 투자자들이 아마존 같은 회사들에 돈을 쌓아놓는 것은 합리적 행동이었다. 투자자들은 그저 이들이 인류사에서 가장 강력한 독점기업들 중 하나로 급성장하고 있음을 알고 있었기에 투자한 것뿐이다.

비민주적이고 비합리적인 계획 경제

독점기업은 완전한 시장 지배 지위를 획득하는 데 필요한 투자에 접근할 수 있을 경우에만 독점기업이 될 수 있다. 21세기가 전개되면서 특히 빅테크 기업에는 이 과정이 전보다 훨씬 더 쉬워졌음이 확인됐다. 테크 기업들은 이윤율이 감소하는 상황에서 등장했고 금융시장의 취약성이 증가하는 상황과 결합돼 있었다. 두 요인 모두 이들이 투자에 더 원활하게 접근하도록 만들었다. 이들 기업 가운데 다수는 독점적 지배력의 토대가 될 네트워크 효과를 활용할 만큼의 규모로 아직 성장하지 못했기 때문에 처음에는 수익이 없거나 적자 상태였다. 결과적으로 이들이 사업체를 유지하고 시장 지배적 지위에 이를 정도로 규모를 키워 수익을 내기 시작하려면 상당한 규모의 사전upfront 투자*가 필요했다.

기업들이 사전 투자에 접근하는 최고의 호기는 위기의 여파로 수익이 침체되고 투자자들이 새로운 호재를 찾아 안달나던 때였다. 테크 기업들에는 2000년대 초 닷컴 버블 직후 구글이 주식시장에 처음 상장되던 시기나 2008년 금융 위기 직후 페이스북과 트위터를 비롯한 많은 회사들이 상장되던 시기가 바로 적기였다.[84] 곳곳에서 수익이 침체 상태에 빠지는 금융 위기의 물결 속에서 지구 경제를 으쓱대며 배회하던 저렴한 자본(일부는 비정통적 통화정책의 결과였다)은 이런 담대한 테크 기업들이 오늘날 우리가 알고 있는 거대한 '야수'가 되는 데 완벽한 조건을 제공했다. 불과 몇 년 전만

---

* 사업이 실행되기 전에 사업 계획만으로 대규모 투자를 유치하는 것을 말한다.

해도 아마존은 이윤을 내려고 안간힘을 쓰고 있었다. 하지만 이제는 무소불위의 존재다.

오늘날 알파벳이나 페이스북 같은 회사와 경쟁하는 데 필요한 자본은 상상을 초월할 정도로 거대하다. 이들 기업은 규모만으로도 많은 소비자들이 이들의 서비스에 표하는 불만에 아랑곳하지 않으며 독점 지위를 유지할 수 있다. 다른 이들의 도전을 받기에는 그냥 이들의 돈이 너무 많다. 빅테크 기업들의 시가총액은 웬만한 국가의 GDP보다 크다. 빅테크 기업들이 없었더라면 침체에서 벗어나지 못했을 경제 환경 속에서 이들 중 다수는 수년간 비현실적인 이윤을 창출하면서 전통적인 산업의 독점기업들처럼 현금을 쌓아 두었고 이를 혁신이나 생산에 투자하지 않았다, 애초에 이들에게는 그럴 의지 자체가 없었다. 여기에서 비롯된 '기업 저축 과잉' 현상*은 경제학자들의 중대한 이론적 과제이자 정책 입안자들의 주요 관심사다.[85]

실제로 기업 저축 과잉은 평범한 금융기관과 법인 기업의 관계를 거꾸로 뒤집음으로써 일반적인 독점기업의 금융화를 가속화하고 있다. 현재 많은 금융기관은 단순히 기

---

* 한국에서는 이 현상이 대기업의 과도한 사내 유보금 문제로 쟁점화된 바 있다.

업들이 회의적 투자자들에게서 자본을 빌릴 수 있게 유도하기보다는 대기업들이 그들의 '저축'을 금융시장에 투자하도록 돕고 있다. 라나 포루하는 2018년《파이낸셜 타임스》에서 "빅테크 기업을 비롯한 다른 많은 거대 독점기업들이 현금을 쌓아두기보다는 자사 수입을 회사채와 국채 매입에 쓰고 있다"고 지적했다.[86] 일부 기업은 은행과의 관계를 활용해 새로운 부채를 떠안고 이를 세계 전역의 더 리스크가 크고 수익률이 높은 회사채에 투자하고 있었다.

경제학자들이 묘사한 세계에서는 가계 저축이 기업의 차입 자금 조달에 사용되지만, 독점자본주의 시대에는 거꾸로 물구나무 서 있다. 즉 가계가 더 많은 부채를 떠안고 기업은 더 큰 이윤을 거두고 있다. 그리고 기업과 금융 사이의 연계는 더욱 강화된다. 기업의 금융 업무를 관리하는 투자은행들과 기업의 주식을 소유한 투자자들은 떼돈을 벌었다. 그러나 오늘날 투자은행보다 규제도 덜 받고 인기도 더 좋은 테크 기업들은 한때는 단순한 고객에 불과했던 상호관계에서 점점 더 주도적인 쪽이 되고 있다.

중소기업보다 대기업이 유리하게 만드는 것은 시

장의 본성만이 아니라 국가의 본성이기도 하다. 기업이 커질수록 정치적 연줄도 깊어지며 이에 따라 위기에서 살아남을 가능성과 어려운 때에 국가의 지원을 받을 가능성 모두 높아진다. 많은 중소기업이 팬데믹 중에 정부 융자를 받으려고 애썼지만, 정부와 훨씬 더 밀접한 관계에 있는 대기업은 주요 중앙은행들이 제공하는 극도로 싼 유동성 덕에 쉽게 혜택을 입었다. 연장된 양적 완화는 회사채 수익률 인상을 억제함으로써 차입 비용을 낮게 유지시킬 것이고, 이를 통해 기업과 투자자들에게 부양책을 제공할 것이다. 생산성이 어떠한지, 사업 모델이나 환경적 영향이 어떠한지와는 상관없이 세계 최대 기업들은 작금의 위기에서 살아남아 지금보다 훨씬 더 큰 시장 지배력을 지니게 될 것이다. 그러나 이들에게 제공되는 지원의 정도로 보건대, 중앙은행들은 도덕적 해이 문제를 만들어내고 있다. 중앙은행들은 투자자, 은행, 기업이 경기 상승기에 떠안은 리스크를 하강기가 시작하자마자 막아주고 있다.[87]

　　모든 기업은 아니겠지만 그중 다수는 노골적인 국유화를 통해 구제받을 수도 있으니, 이는 기업이 위기를 견

며낼 반창고 구실을 할 것이다. 항공산업이 그러한 사례다. 항공산업은 팬데믹의 타격을 가장 심각하게 받은 부문 가운데 하나이며, 지구 경제에 계속 끼워져embedded 있기를 바라는 소속 국가에도 전략적으로 중요하다. 항공사들 중 다수는 전후 시기에 국가에 의해 설립됐다가 1980년대와 1990년대에 사유화됐는데, 이로써 팬데믹의 결과로 국유화된 최초의 기업들 중 하나가 됐다. 독일에서는 메르켈 정부가 어려움에 처한 국적 항공사 루프트한자와 협상에 나선 뒤에 루프트한자와 콘도르, 두 회사의 국유화 의지를 천명했다. 에어프랑스의 주주인 프랑스 정부는 에어프랑스의 완전 국유화 가능성을 놓고 사측과 협상했다. 이탈리아는 이미 알리탈리아를 완전히 통제하고 있다. 그리고 브리티시 에어웨이, 싱가포르 에어라인, 캐세이 퍼시픽 모두 항공기의 90퍼센트 이상을 놀려둘 수밖에 없는 상황이기에 더 많은 국유화 조치가 뒤따를 가능성이 높으며, 심지어 버진 애틀랜틱* 류의 항공사를 국유화 대상에 넣으면서 불안정한 리먼 브러더스식 특례**를 인정할 수도 있다.

　　국가가 제공하는 유동성과 최대한의 기업 구제가

---

* 영국 버진 그룹을 이끄는 신흥 재벌 리처드 브랜슨 경이 소유한 저가 항공사다.
** 2008년 미국 정부가 리먼 브러더스만 파산하도록 놔두고 다른 거대 금융기관들은 구제해준 것처럼, 정부가 원칙 없이 기업 구제를 결정함으로써 오히려 불안정을 조장하는 것을 말한다.

결합된 현재 양상은 2008년 자국 금융부문을 구하기 위해 북반구 국가들이 감행한 비상 개입과 닮았다. 다만 이번에는 통화가 대기업부문 전체로 향하고 있다. 지금도 무책임한 대출기관과 신용도가 낮은 기업이 국가의 보호를 받고 있다는 점에서 도덕적 해이는 중요한 문제지만 지구 경제가 자멸하도록 방치될 것이라고 진지하게 주장하는 이는 없다. 연준의 제국주의적 조정 아래 국가들과 중앙은행들은 자국 경제 전반의 실질적 계획에 나서도록 강요받고 있다. 지금 실행 중인 계획은 민주적이지도 합리적이지도 않지만 말이다.

　　　　로버트 브레너의 글에 따르면, 미국의 비금융 기업들을 구제하는 '코로나19 구호·구제 및 경제 안보CARES' 법은 "용어의 모호성, 불일치, 빠져나갈 구멍, 자격 요건" 탓에 누더기가 됐다. 그리고 "미국 연간 기업 이윤의 2.5배 혹은 연간 GDP의 약 20퍼센트에 해당하는 금액이 과도한 감시는 물론 부대조건조차 일체 없이 배분되도록 승인됐다."[32] 엘리트들은 비밀 회의실에 모여 어떤 기업이 망하고 살아남을지 그리고 이들을 구하기 위해 우리의 집단적 자원을 얼마나 사용할지를 결정한다. 이러한 결정들은 쟁점이 된 기업의 환경적 지속 가능성, 조세 관행이나 고용 관행을 전혀 고려하지 않는다. 즉 합리적 계산이 아니라 다양한 기득권층의 요구에 바탕을 두고 이뤄지고 있는 것이다.

자본주의가 더욱 집중화되면서 '기업 간 경쟁이 사회의 희소 자원을 가장 효과적으로 사용하도록 촉진한다'는 자본주의 존속의 정당화 논리가 더는 들어맞지 않게 됐다. 애덤 스미스의 '보이지 않는 손'은 자본주의 국가의 지원을 받는 현대 독점기업의 강철 주먹으로 대체됐으며, 이는 전 세계 노동자에게서 엄청난 양의 가치를 추출하는 데 성공했다. 소수의 거대 기업이 시장을 지배하고 국가 행동이 기업의 지속과 파산을 결정하는 유일한 요소인 때에 자원 할당이 계속 자유시장 경쟁에 의해 좌우될 것이라고 주장하기란 힘들다. 오히려 생산과 자원 할당은 사실상 세계 최대 기업의 정상에 자리한 소수가 결정한다. 팬데믹 중에 계속되는 집중화는 한편으로 기업과 국가 사이의 연계를 강화하고 (국가는 세입과 정치자금 모금을 위해 이들 기업에 더욱 의존하고 기업은 규제 및 조세정책에 더욱 관심을 쏟게 될 것이다), 다른 한편으로는 기업과 이들의 현금을 관리하는 은행 사이의 연계를 강화할 것이다. 달리 말하면 우리는 경제의 사적 계획을 점점 더 많이 목도하게 될 것이다. 자유시장, 경쟁자본주의라는 것이 실존했는지는 모르겠지만 이제는 확실히 사라졌다.

많은 경제적 자유지상주의자들은 이 비판을 인정할 것이다. 이들은 도덕적 해이와 느슨한 통화정책에 대해 자주 불평하는데, 국가의 지나친 개입 탓에 시장 집중, 복잡한 규제, 낮은 생산성을 특징으로 하는 '정실자본주의'의 한 형태가 등장했다고 비난하면서, 보다 순수하고 경쟁적이며 자유로운 형태의 자본주의로 돌아가야 한다고 주장한다. 이러한 주장은 보통 자본주의 축적의 변덕으로부터 노동자를 보호하기 위해 경기순환의 상승과 하강을 완화하려면 국가 개입이 필요하다고 응수하는 사회민주주의자들과 대립한다. 은행, 기업, 투자자들을 구제해야 하는 이유는 그렇지 않을 경우 경제 시스템 전체가 붕괴해 문명의 몰락을 초래한다는 데 있다.[89]

자유지상주의자들의 주장과 사회민주주의자들의 주장 모두 일리가 있다. 과도한 국가 개입은 자유시장 자본주의의 작동을 왜곡해 이를 금융화된 변종 독점자본주의로 탈바꿈시키는 데 일조한다. 하지만 이런 상황을 초래하는 개입이 없었다면 지구 경제는 붕괴했을 것이며 그 정치적 의미는 이루 말할 수 없이 거대하다.

　　　　하지만 두 주장 사이의 명백한 모순은 단지 표면적인 것에 불과하다. 두 관점의 지지자들 모두 어쨌든 정치와 경제가 분리돼 있다는 자유주의적 통념에 의존한다. 이 통념에 따르면 자유시장은 자기조정적 영역으로 존재하며 다양한 수준에서 중앙 국가기구의 개입 대상이 되곤 한다.[90] 정치와 경제, 즉 국가와 시장의 엄격한 이데올로기적 분리는 자유주의적 자본주의를 정당화하는 데 일조한다. 국가 행위는 자급자족적이며 자기조정적인 시장 시스템에 대한 '개입'이라는 프레임으로 인식된다. 자유지상주의자들의 주장에 따르면 이런 개입은 시스템을 경로에서 빈번히 이탈시킨다. 강력한 사회안전망을 제공하는 국가는 자본이 이윤을 창출하고 노동자를 규율하기 위해 기대는 수단인 자포자기 상태의 산업예비군을 와해시킬 위험이 있다. 그래서 우익 논객들은 노동조합과 최저임금법이 자유시장의 작동을 방해한다고 주장한다.

그러나 국가가 경제 활동 조절을 중단할 경우 경제 전체가 붕괴하게 될 정도로 기업, 금융, 노동자가 국가에 의존하는 시기에 이런 식의 추론이 어떻게 지지를 얻을 수 있겠는가? 국가가 수십억 파운드를 들여 자국의 부유한 은행가들을 구제할 여력이 있다면 왜 위기가 끝나고 나서 고등교육, 주거, 의료를 무상으로 제공하면 안 되는가? 이런 상황에서는 정치와 경제의 분리 주장이 배겨날 수 없다. 국가는 다시는 임금 상승, 공공서비스 개선, 취약계층 구제 요구에 대해 여력이 없다거나 불가능한 일이라거나 지속 불가능하다고 대꾸할 수 없을 것이다. 이번 코로나19 위기가 끝날 무렵에는 경제 운영이 돌이킬 수 없이 정치화될 것이다.

이런 맥락에서 정부가 일자리를 창출하고 불평등을 줄이며 환경적 지속 가능성을 증진하기 위해 자유시장 경쟁 세력들에 '간섭'하는 일을 삼가야 한다는 주장은 우스꽝스럽다. 우리는 경쟁 경제에 살고 있지 않다. 우리는 계획 경제 속에 살고 있다. 다만 그 계획은 민주적이지 않다. 계획은 중앙은행가, 고위 정치인, 그리고 기업 및 금융 영역에 포진한 저들의 자문역들에 의해 실행된다. 최근 연준과 유럽중앙은행 모두 자산 구매 프로그램을 운영하기 위해 블랙록(전 영국 재무부 장관 조지 오스본이 일하는 세계 최대 자산운용사)을 고용한 것은 우연이 아니다.[91] 위기에 처했을 때, 지구자본주의가 소수의 모략 집단에 의해 운영되며 이들은 시장 효율성이나 경쟁 촉진이 아닌 편협한 자기 이익을 위해 권력을 사용한다는 것이 더없이 분명해지고 있다.

영국 좌파는 국가의 한 형태, 나아가 자본주의의 한 형태에 대한 비판을 바탕으로 부활했지만 이 자본주의 형태는 위기가 끝나고 나면 세상에 없을 가능성이 높다. 사회주의자들은 정부 지출 삭감에 반대하는 캠페인을 벌이며 성장했지만 이러한 노선은 정부가 대기업과 금융의 이익을 뒷받침하려고 대규모 지출을 감행하는 팬데믹을 통해 탄생한 전시 경제에서 알맹이 없는 주장으로 들릴 것이다. 우리가 직면한 과제는 더 많은 국가 개입을 선동하는 것이 아니다. 레닌은 국가 행동의 양적 증대가 자본주의에서 사회주의로 나아가는 질적 변동에 어쨌든 영향을 끼칠 것이라고 믿는 함정을 경고한 바 있다. 우리는 이 함정에 빠져서는 안 된다. 이 위기가 끝날 때쯤에는 정치인, 중앙은행가, 금융가, 대기업

경영진으로 이뤄진 한 줌의 과두집단이 지구 경제의 부와 권
력을 더욱 독점할 것이다. 좌파의 과제는 바로 이들에게 책
임을 묻는 일이 될 것이다.

3장 새로운 제국주의

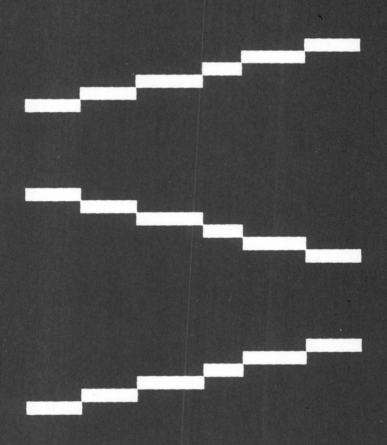

북반구와 남반구의 자본 불균형

1980년대 말에 철의 장막이 무너지고 자유시장 자본주의가 세계 대다수 지역으로 확산하자 프랜시스 후쿠야마는 역사의 종언을 선언했다. 자본의 전도사들은 가장 가난한 나라들에까지 기회와 번영의 시대가 열릴 것이라고 약속했다.[82] 2008년 금융 위기는 이 환상을 산산이 부쉈으며 요란한 소리를 내며 역사를 되살렸다. 한때 북반구 아나키스트들과 남반구의 저항운동에 국한되었던 지구화 반대 여론이 지구 경제에 가장 긴밀히 통합돼 있는 바로 그 국가들에서 급성장하기 시작했다.

좌파가 2008년 공황 이후 등장한 자본주의에 대한 반발의 덕을 보기는 했지만, 우파가 지구화에 대한 반발로 얻은 이득이 더 컸던 것 같다. 이 두 과정이 별 문제 없이 분리된 채 전개됐다는 사실은 반反지구화 운동의 쇠퇴 이후 좌파의 자본주의 비판이 지녔던 약점을 보여준다. 현실에서 지구화와 자본주의는 분리될 수 없기 때문이다.

북반구 국가들의 경제는 상품 생산에서 거리가 멀

어지는 쪽으로 전환했지만 마르크스가 《자본》에서 묘사한 끔찍한 노동 관행은 사라지지 않았다. 이는 단지 현대 소비자의 시야 밖으로 옮겨졌을 뿐이다. 신자유주의적 아웃소싱을 수십 년간 지속하고 난 지금, 세계의 공장은 폭스콘 사가 노동자의 투신자살을 막기 위해 공장에 그물을 설치해놓은 중국, 섬유 공장 건물 붕괴로 천여 명의 노동자가 사망한 방글라데시, 아동 노동을 통해 우리의 휴대전화와 컴퓨터에 사용되는 콜탄을 채굴하는 콩고민주공화국에 있다.

　　　　현재 각국 경제는 모두 이러한 착취적인 지구 생산 과정을 관리하는 데 특화되어 있다. 마르크스는 관리자의 역할에 대해 "자본의 이름 아래 노동 과정 전반을 지휘"[93]하는 특권적 노동자라고 평했다. 이러한 노동자들은 고용주와 맺는 관계에 착취의 자취가 남아 있음에도 불구하고 자본의 이익을 뒷받침하는 일에 의존하며 살아갈 수 있는데, 이들의 고임금과 사회적 지위가 이들보다 아래에 있는 노동자의 고착취를 전제하기 때문이다.[94] 특히 영국과 미국 같은 유럽과 북미의 많은 국가에서는 1980년대 이후 주로 금융과 전문직 서비스에 고용된 전문직-관리직 계급이 대거 등장했다. 전문직-관리직 계급은 세계 곳곳에서 이뤄지는 생산 과정을 관리하며 거대 다국적기업 본사에서 일하거나, 세계 곳곳에서 창출되는 잉여가치에 투자하는 투자은행에서 중개업자로 일하거나 아니면 세계 곳곳에서 창출되는 잉여가치를 실현하는 최선의 방법에 대해 기업에 조언하는 광고 전문가로 일할 수 있다. 그러나 모든 관리자 국가에는 억압적 국가기구와 감시 기술을 통해 조종되는 십수 개의 고착취 노동자 국가가 딸려 있다.[95]

오늘날 우리가 '지구화'라고 부르는 바는 레닌이 약 100년 전에 분석한 제국주의 과정과 공통점이 있다.[96] 금융가들은 국내에 투자하기보다는 독점기업들이 축적한 자본을 아직 자본주의가 완전히 정착하지 않은 지구 경제 주변부로 유출하는 데 일조하려 한다. 국가독점자본주의하에서 경쟁은 사라지지 않고 초거대기업들은 결코 하나로 완전히 통합하지는 않는다. 대신 이들은 단순히 국내 수준이 아니라 지구 수준에서 다른 초거대기업들과 제한된 형태의 경쟁을 계속 벌이며, 국내 자본이 확장해나갈 새 시장을 확보하기 위해 국가 간 경쟁을 벌이는 각국 정부가 이들을 지원한다.

레닌은 이것이 제국주의, 즉 "자본주의의 최고 단계"의 토대라고 역설했다.[97]

오늘날의 전 지구적 독점기업들은 제국주의 국가들의 지원을 받으며 반反경쟁 관행으로 창출한 산더미 같은 현금 방석에 앉아 있다. 그리고 나서 이들은 거액의 자금을 부유한 주주들에게 배당하고 남은 일부를 생산 투자에 사용하며, 나머지는 자사주를 매입하거나 다른 대기업을 인수 혹은 합병하는 데 쓴다. 레닌이라면 충분히 예상할 수 있었겠지만 북반구로부터 남반구로의 자본 이동 덕분에 부유한 투자자들은 주변부의 자산을 사들일 수 있으며 주변부 국가들의 성장에서 이윤을 뽑아낼 수 있다. 이런 과정을 통해 창출된 이윤이 북반구 금융기관으로 돌아오면 제국주의의 순환이 완결된다. 예를 들어 사하라 이남 아프리카는 매년 '개발' 원조로 얻는 이익의 3배를 자본 유출로 잃는다.[98]

이러한 지정학적 패턴은 우연이 아니다. 먼저 산업화를 한 국가들은 최초로 다국적기업을 만들고 노동력을 조직적으로 사용했고 매번 승리를 거두며 노동력 가격을 끌어올렸다. 국가는 처음에는 군대를 통해, 나중에는 정치·경제적 제국주의(불평등한 무역 및 투자협정, 국제 이윤의 국내 흡수, '자유시장' 경제정책을 받아들이라는 부유한 국가들의 압력, 부자 나라들이 지지하는 국제기구)를 통해 국내 대기업들이 해외의 값싼 노동과 새로운 시장에 접근할 수 있도록 도왔다.[99]

현재 지구화 아래에서 노동의 국제 분업은 국가들 사이의 제국주의적 관계를 통해 계속 구조화되고 있다. 상품 생산과 관련된 많은 거대 독점기업들이 이용하는 가치 사슬은 지구 전체에 퍼져 있다. 부가가치가 낮은 활동은 이윤이 창출되는 주 장소인 주변부에서, 부가가치가 높은 활동은 이윤이 송금되는 중심부에서 벌어진다.[100] 별로 대단할 것 없는 상품을 생산하며 그들의 이윤 대부분을 뽑아내는 애플 같은 '테크' 기업들에게 이러한 연관성은 매우 분명하다. 중국 폭스콘 공장의 고착취 노동자가 아이폰을 제조하고, 미국에 소재한 '본사'에서 일하는 대부분의 비정상적인 노동자가 과도하게 인상된 임금의 혜택을 누린다.[101]

비록 이견도 많지만 현대 제국주의가 항상 폭력을 우선적으로 사용하는 것은 아니다. 1965년 가나의 독립을 이끈 지도자 콰메 은크루마*는 "오늘날의 신식민주의는 제국

---

* 가나의 독립운동가이자 초대 대통령으로 1957년 영국으로부터 독립한 이후 줄곧 구 식민 제국의 경제적 지배를 비판했고, 이 때문에 결국 1966년 쿠데타로 실권했다. 식민지 독립 이후 아프리카 여러 나라들의 경제사회 현실을 분석하며 '신식민주의neocolonialism'라는 말을 처음 사용했다.

주의의 최종 단계이자 어쩌면 가장 위험한 단계를 보여준다"
고 하면서, "신식민주의의 본질은 이에 종속된 국가가 이론
상으로는 독립국이지만 실제로는 국제적 통치권international
sovereignty의 지속적인 덫에 발목이 완전히 잡혀 있다는 데 있
다. 현실에서 신식민주의에 종속된 국가의 경제 시스템과 이
에 따른 정치적 정책의 방향은 국외에서 결정된다"고 주장했
다.[102] 신식민주의 권력은 서로 연결된 두 과정을 통해 행사
된다. 첫 번째 과정은 서구 독점기업들이 남반구 시장을 지
배하는 것이고, 두 번째 과정은 남반구 국가의 국내 자본이
창출한 이윤이 런던의 시티 같은 주요 금융 센터들과 연결
된 추출 네트워크를 통해 북반구로 이전되는 것이다. 브레턴
우즈 시기에는 첫 번째 과정이 지배적이었지만, 금융 지구화
시기에는 두 번째 과정이 훨씬 더 중요해졌다.

　　　이러한 전환점은 1970년대와 1980년대 오일쇼크
와 서구의 이자율 인상의 결과로 닥친 제3세계 외채 위기였
다. 이로써 가나처럼 외채난을 겪는 나라들이 채무 경감의
대가로 친시장적 개혁을 실시해야 했다.[103] 외채 위기는 가난
한 나라들을 국제 투자에 '개방'시키는 기회로 활용됐다. 여

기서 '개방'이란 민주적으로 선출된 정부가 국가 주도 발전 프로그램에 착수하지 못하게 막으면서 밖으로부터 국제 자본을 이롭게 할 '시장 친화적' 정책을 강요하는 완곡한 표현이었다. 구조조정 프로그램은 인간과 경제 발전에 부정적 영향을 끼치는 게 다반사였고 특히 사하라 이남 아프리카에서 그 정도가 심했다.[104] 이 프로그램이 경제 성장에 끼친 영향은 온갖 찬사를 받았지만 실은 무시해도 좋을 수준이었고, 반면 극빈층은 인프라, 교육, 공공서비스 등의 감축으로 극심한 타격을 받았다.[105] 장기적으로 외채 위기와 구조조정 프로그램은 남반구의 자본을 유출시키면서 소득과 경제 성장을 위축시켰다. 그 결과 이들 국가의 외채는 GDP에 대비해 오히려 늘기만 했다.

구조조정을 통해 강요된 자본계정 자유화capital account liberalisation*는 '수출 주도 성장' 전략을 추구하는 '개발도상국'들의 경제를 돕기로 되어 있었다. 주류 경제학자들은 저소득 국가들이 '경쟁 우위' 품목을 중심으로 외국에 상품을 수출해야 한다고 주장했다. 이는 국내 산업에 더는 보조금을 지급하지 않고 민간부문을 규제와 국가 개입으로부터

---

* 자본의 대외 유출입이 제한되던 나라가 이를 자유화하는 조치를 말한다.

'자유롭게' 하며 자본 이동에 대한 제한을 폐지하는 것을 뜻
했다. 그러나 사실상 이 조치들 덕분에 다국적기업들이 보다
쉽게 남반구 경제에 진입해 국내 자본가들을 대체했고 그 이
윤은 북반구로 재흡수됐다. 또한 엘리트들이 현금을 국외로
빼돌려 해외(대부분 조세 회피처)에 쌓아놓기도 더욱 쉬워졌다.
한편 국내 생산자들은 중심부 국가들 쪽으로 기울어진 지구
시장에 재화를 수출하지 못하게 막는 거대한 장벽에 부딪혔
으니, 중심부 국가들은 엄청난 재원을 투입해 자국의 국내
생산자들을 보호했던 것이다.

　　　　그러나 금융 지구화로 상처를 입은 것은 남반구만
이 아니다. 자본이 주변부로부터 중심부 제국으로 유출됨으
로써 중심부 국가들의 경제 또한 왜곡됐으며,[106] 금융 위기
리스크가 커졌다.[107] 교과서 속 경제 이론에 따르면 큰 폭의
경상수지 흑자를 기록하는 채권국과 큰 폭의 경상수지 적자
를 기록하는 채무국 사이의 커다란 불균형은 알아서 조정되
게 돼 있다. 예컨대 A라는 국가가 적자를 내면 통화가 국외
로 빠져나간다. 이 통화가 A국으로 돌아오지 않는다면 세계
시장에서 A국 통화 공급이 늘어남으로써 통화 가치가 떨어

질 것이다. 통화 가치 하락 덕분에 다른 나라 소비자는 A국의 수출품을 보다 저렴하게 구입하게 되고, 따라서 A국의 수출에 대한 수요가 증대할 수밖에 없다. 이 과정이 지구 경제 규모에서 전개되면 일반 균형 상태에 도달하게 된다. 2008년 금융 위기를 향해 나아가는 과정에서 이런 균형이 좀처럼 도래하지 않는다는 사실은 상당수 경제학자들을 당혹하게 했다. 적자국들은 자국의 경상수지 적자 규모에 따라 큰 폭의 통화 가치 하락을 경험했고, 결과적으로 이런 통화 가치 하락 덕에 이들 나라 재화의 경쟁력이 강화되어야 했다. 전 연준 의장 벤 버냉키는 다수의 신흥국들이 미래의 위기에 대비하기 위해 저축을 끌어안고만 있는 탓에 지구 경제가 균형에 도달하지 못했다고 비난했다.

실은 이러한 전 지구적 불균형은 지구자본주의를 규정하는 제국주의적 관계의 직접적 결과로 출현한 것이다. 1990년대 말부터 남반구에서 유출된 자본은 외국인직접투자 형태로 유입된 자본을 상회했는데(다시 말해 앞서 말한 '두 번째 과정'이 '첫 번째 과정'을 압도했는데), 이는 주로 자본 이동과 조세 회피의 역학 때문이었다.[108] 북반구의 금융 센터로 되

돌아온 자본은 국내 금융화 과정을 뒷받침하는 데 사용되었다.[109] 적자국들은 강한 통화를 유지할 수 있었으니, 이들 나라의 재화에 대한 수요가 상대적으로 극히 적더라도 이들 나라의 자산, 그중에서도 유독 금융 자산에 대한 수요가 강력했기 때문이다. 적자국들(특히 미국과 영국)의 자산에 대한 수요가 많았던 주된 이유는 1980년대에 이들 국가의 신자유주의적 정부가 단행한 금융 규제 완화였으며, 이는 개인, 기업, 금융기관이 민간 대출의 혜택을 누릴 기회를 극적으로 늘렸다.[110] 궁극적으로 이런 대출의 상당 부분은 미국과 영국의 자산 시장 거품의 등장으로 생겨났고, 취약성이 드러나는 것을 막기 위한 은행 규제의 약화와 결합되어 있었다. 세계의 나머지 부분에서 창출된 자본은 더 많은 수익을 좇던 북반구 금융부문으로 유입됐고 그 덕분에 거품은 더욱더 확대될 수 있었다.

외채 위기의 늪에 빠진 잠비아와 아르헨티나

국제 금융기구들과 오랫동안 고통스러운 관계를 맺어온 잠비아는 현대 제국주의가 어떻게 남반구 국가들의 발전을 가로막는지 보여주는 좋은 사례다. 구리 수출에 크게 의존하는 잠비아 경제는 1970년대 국제 구리 가격 붕괴로 큰 타격을 입었다. 잠비아는 국제 금융시장에서 돈을 빌릴 수 없었기에 금융 지원을 받기 위해 IMF로 가지 않을 수 없었고 구조조정 프로그램의 대상이 됐다. 잠비아는 2011년 '중간소득 국가' 지위에 올랐지만 이 시기에 GDP 성장의 혜택을 본 국민은 거의 없었다. 외채 수준과 불평등은 악화됐다. 잠비아는 여전히 구리 수출에 의존했으며 산업화에 필요한 자본을 창출할 능력이 없었고[111] 훨씬 더 비양심적인 대출 제공자를 상대하도록 강요받았다. 한 벌처 펀드vulture funds* 는 300만 달러 상당의 잠비아 국채를 매입하고는 2007년 [원금과 이자를 합해 5500만 달러를 갚으라는 소송을 청구한 뒤] 1500만 달러를 뜯어내는 데 성공했다.[112]

팬데믹이 지구 전체의 상품 수요에 타격을 가하면

---

* 부실 자산을 싼 값에 산 뒤에 가치를 올리고 다시 팔아 차익을 내는 투자 신탁 기금을 말한다.

서 구리 가격이 하락하자 잠비아 통화(콰차)도 덩달아 떨어져 외채 상환 비용이 증가했다.[113] 구리의 수요도 많지 않고 해외 송금과 외국인직접투자 유입도 거의 완전히 중단된 상태에서 잠비아는 채권자에게 상환할 외환을 충분히 확보할 수 없었다. 더 장기적인 차원에서 보면 잠비아의 외채는 상환하기에 너무 높은 수준이라 봐야 할 것이다. 잠비아의 미지불 채무 중 상당 부분은 중국의 국영 은행들의 몫으로, 상대적으로 낯선 대규모 대출 제공자인 중국이 아프리카의 부채 재조정 요청에 어떻게 응할지는 불분명하다.

한편 남대서양의 반대편에서는 2019년 당선된 좌익 페론주의자 알베르토 페르난데스 대통령이 이끄는 아르헨티나가 이 나라의 아홉 번째 디폴트 사태를 겪고 있다. 다른 남반구 국가들의 경우처럼 국제기구들은 채권 자경단과 한 패가 되어 아르헨티나를 맹공격하고 국제 투자자들에게는 이롭지만 근로 대중에게는 해로운 정책을 실시하도록 압박했다. 자본 이동을 제한하는 정책을 실시할 수 있다는 페르난데스 정부의 엄포는 이미 팬데믹 전부터 투자자들 사이에서 주의 대상이 되어 있었다. 투자자들은 아르헨티나 자산을 매각함으로써 고군분투하는 국가를 굴복시키려 했다. 그러자 국채 수익률이 급등하고 통화 가치는 급락했으며 이에 따라 차입은 더욱 힘들어졌다.

아르헨티나든 잠비아든 혼자 힘으로 현 위기에서 벗어날 수 있을 것 같지는 않다. 이런 규모의 외채난을 겪는 국가들에게는 생산성과 경쟁력을 높일 수 있는 투자에 자금을 대기 위한 저렴하고 장기적이며 조건 없는 대출이 필요하다. 그러나 '채권 자경단원들'의 이익을 위해 구축된 제국주의 국제 시스템의 구조 때문에 이는 불가능하다.[114]

채무 이행과 기후 위기, 양자택일의 딜레마

지금 남반구는 코로나19 확산과 기후 붕괴의 여파, 두 전선에서 자연과 싸우고 있다. 이들 국가가 마주한 과제는 2020년 5월 사이클론(인도양의 열대성 저기압) 암판Amphan이 인도와 방글라데시를 강타하자 더없이 분명해졌다. 빈곤율이 높은 중간소득 국가 인도는 암판 상륙 당시 코로나19 확진자가 10만 명을 넘어섰고 3000명이 넘는 사망자가 발생한 상황이었다. 한편 세계 최빈국 가운데 하나인 방글라데시는 확진자가 약 2만 7000명이고 사망자가 약 400명이었다. 두 나라모두 공중 보건 인프라가 취약한 나라다. 두 나라는 국가 역량이 못 미치는 탓에 대량 검사 같은 조치를 대규모로 실시하기도 쉽지 않았고, 많은 가구가 빽빽하게 밀집된 채 살아가는 상황에서 사회적 거리두기를 준수하기도 어려웠다.[115] 암판에 의한 대규모 대피 사태는 문제를 더욱 꼬이게 만들었다. 한편 비공식 경제 종사자, 이주 노동자, 산업 노동계급은 이미 낮았던 소득을 더욱 억제하고 많은 이들을 극빈 상태에 빠뜨린 봉쇄 기간에 엄청난 고통을 겪었다.

　　북반구에서 기후 변화와 코로나19에 대한 해결책은 간단하다. 바로 지출이다. 영국의 홍수, 최근 빈발하는 오스트레일리아의 산불, 점점 더 자주 발생하는 미국의 허리케인과 폭풍 등 이들 국가에 기상 이변이 엄습하자 경제적 충격을 줄이려고 수십억 달러가 지출됐다. 팬데믹 대책으로 이들은 이례적인 재정을 지출하고 있으며 자국의 국내 자본가계급(미국의 경우에는 국제 자본가계급)을 지원하기 위해 더욱 느슨한 통화정책을 집행하고 있다.

많은 좌파들은 북반구의 재정 대책 규모가 그들이 수년간 주장해온 바를 입증한다고 주장했다. 즉 정부 지출에 준수해야 할 한계란 없으며,[116] 정부는 채권과 화폐 발행을 통해 계속 지출할 수 있고 인플레이션에 주의해 경기가 과열되지 않게만 하면 된다는 것이다. 이 설명은 한 가지 중요한 문제와 충돌한다. 그 해결책이 북반구에서만 가능하다는 것이다. 북반구에 비해 남반구 국가들은 바이러스의 경제적 충격에서 빠져나오기가 힘들 것이다. 이들 나라에서는 제한된 사회보장제도와 보건 체계가 팬데믹에 압도돼버릴 수 있다. 남반구 국가들이 이에 대처한다면 해외 채권자에게 더 많은 돈을 빌려야 할 것이고, 대처하지 않는다면 생산에 심대한 타격을 입을 것이다. 그러나 만국의 노동자가 공공서비스와 사회보장에 대한 국가 지출 증대에 의존하고 있는 바로 이 순간, 투자자들은 코로나19의 경제적 충격에 불안해하며 '신흥시장'에서 떠나가고 있다.

자본 유출의 규모는 2008년 금융 위기가 북반구 국가들의 경제를 난타한 뒤에 다수의 신흥시장 경제들이 경험한 상당한 유입에 부분적인 원인이 있다.[117] 2008년 이후 처음에는 브릭스BRICS(브라질, 러시아, 인도, 중국, 남아프리카공화국), 다음에는 민트MINT(멕시코, 인도네시아, 나이지리아, 터키)에 대한 열광으로 막대한 액수의 자금이 남반구에 유입됐다. 세계 체계의 주변부 국가들은 북반구에 비해 금융 위기의 영향을 심각하게 받지 않았고, 게다가 중국이 위기의 사후 대책으로 내놓은 대규모 부양책으로 혜택을 입었다. 북반구의 저금리와 비관습적 통화정책 또한 수익률을 높이고자 투자 기회를 모색하는 투자자들을 남반구로 보냈다.[118] 때로 이 자본은 실제로 유용한 인프라 건설 프로젝트를 찾아 투자됐고 외국 정부에 대부됐으며 부동산으로 흘러들어가거나 순전한 투기에 쓰이기도 했다.

코로나19 위기 전에 IMF는 저소득 국가의 40퍼센트가 외채난의 한복판에 있거나 이에 근접한 상태라고 보고했다.[119] 당시의 우려는 북반구에서 금리가 인상되면 1980년대 남반구 외채 위기를 촉발했던 자본 유출의 새로운 장이 열리리라는 것이었다. 팬데믹의 결과로 북반구에서 금리가 오르지는 않았지만 이로 인해 안전을 추구하는 투자자들은 남반구를 떠나 달러표시 자산에 몰렸다. 2020년 5월 IMF는 남반구가 역사상 최대의 자본 유출에 직면했다고 전 세계에 알렸다.[120] 자본 유출 탓에 남반구 국가들의 국채 수익률이 올랐고 외채의 지속 가능성이 타격을 입었다.[121] 이들 국가 중 상당수는 국제 투자자들에게 채무를 이행하기 위해 사력을 다하게 될 것이다. 국제 무역 흐름과 송금의 위축으로 이들 국가의 소득은 감소할 테지만, 바이러스의 충격을 줄이기 위해 지출은 오히려 늘어나야 할 것이다. 남반구 국가들이 부채 상환에 필요한 외환을 확보하지 못한다면 지급 불능 상태에 한층 가까이 다가갈 수 있다.

IMF 총재 크리스탈리나 게오르기에바는 국제통화기금이 회원국의 팬데믹 해결을 돕기 위해 세계은행이 이미 약속한 차관 및 보조금 형태의 1600억 달러에 더해 1조 달러 상당의 자금을 준비해놓았다고 말했다. 그러나 모든 나라가 이 차관을 받을 자격이 있는 것은 아니다. 자유무역과 시장에 바탕을 둔 워싱턴 컨센서스*를 받아들인 고분고분한 나라에만 특혜가 주어진다.

국제 투자자들은 현재 심각한 외채난을 겪고 있는

---

* 신자유주의 시기에 미국 정부와 IMF, 세계은행 등이 남반구 국가들에 요구한 표준적 정책을 일컫는다. 미국 경제학자 존 윌리엄슨이 1989년 규제 축소, 사유화, 시장 자유화 등 10가지 정책에 붙인 이름이다.

다른 빈국들과 달리 인도와 방글라데시에는 아직 등을 돌리지 않고 있다. 국제기구들이 요구한 신자유주의 '개혁'을 실시한 첫 번째 나라들 중 하나인 방글라데시는 여전히 빈곤률이 높은데도 구조조정의 상징적 존재가 되었다.[122] 오늘날 방글라데시는 열악한 노동 조건으로 악명 높으며 2013년 라나플라자 붕괴 같은 참사를 낳은 섬유 공업에 크게 의존하고 있다. 인도에서는 모디 총리가 오랫동안 기다려온 자유시장 '개혁'을 추진하겠다고 서약하며 기업 친화적인 수사를 던졌고 국제 사회는 기쁨에 들떠 그의 총리 선출을 축하했다. 그러나 이 힌두 민족주의를 내세운 총리가 국내 무슬림 소수자 박해에 골몰하느라 개혁 의제 추진에 속도를 내지 않자 많은 투자자들은 실망하고 말았다.[123]

두 나라 모두 코로나19에 맞서 경제 대책을 일부라도 내놓을 수는 있었다. 모디 정부는 2600억 달러를 상회하는 종합 구제 대책을 발표했는데, 이는 인도 연간 GDP의 약 10퍼센트에 해당한다.[124] 인도 정부는 불과 시행 4시간 전에 전국 봉쇄 조치를 발표하여 가난한 이들이 먹을 것과 일자리가 없어 어찌할 바를 모르게 만들더니 6월에는 전

염이 정점을 찍기도 전에 규제를 풀기 시작했다. 방글라데시는 GDP의 약 2.5퍼센트에 달하는 80억 달러 규모의 여러 재정 대책을 발표했지만[125] 수출 촉진을 위해 다수의 섬유 공장을 조기에 재가동하기 시작했고, 이는 바이러스가 더욱 광범하게 확산될 수 있게 만들어 노동자의 생명을 위험에 빠뜨렸다.

장기적인 차원에서 보면 코로나19 위기가 계속되고 기후 붕괴의 충격이 두 나라를 강타하기 시작하는 상황에서 국제 투자자들에게 이들을 돕는 선의를 기대할 수는 없을 것이다. 두 위기에 대처하려면 정부 차입을 상당한 규모로 늘려야 하지만, 어쩌면 악명 높은 변덕쟁이인 국채 투자자들의 신용을 잃을 수 있다. 그러나 정부 지출의 현저한 증가가 없다면 앞으로 몇 년 동안 코로나19뿐만 아니라 기후 붕괴와 결합된 자연 재해가 더욱 빈발하고 혹독해지면서 수만 명 이상이 목숨을 잃을 수 있다.

남반구 국가에 지금 가장 필요한 것

남반구 국가들은 워싱턴 컨센서스 기구들(IMF와 세계은행)이 제시하는 처방을 준수하기만 하면 북반구를 '따라잡을' 것이라는 약속을 듣고 또 들었다. 그러나 사실은 돈세탁과 조세 회피를 통해 세계 최빈국들에서 빠져나가는 막대한 자금은 말할 것도 없고 북반구와 남반구 사이에 신식민주의·제국주의적 관계가 지속되기 때문에 남반구의 대다수 국가들은 북반구를 결코 따라잡을 수 없었다. 게다가 북반구에서 테크 독점기업들이 성장하는 바람에 이는 더욱 난제가 됐다.[126] 워싱턴 컨센서스의 광신도들은 국제 자본의 이윤을 늘리려고 자국 노동자의 건강과 행복을 희생시켰다. 중국을 비롯한 동아시아 발전국가들은 국제 금융기구의 충고를 무시하고 국가 주도 발전에 집중함으로써 신식민주의와 종속의 함정에서 가까스로 벗어난 예외 사례다.

부유한 세계에서 코로나19 위기의 교훈은 국민의 필요를 충족시키기 위한 국가의 지출에 한계 따위는 없다는 것이다. 그러나 세계 인구의 압도적 다수에게 이 위기는 그들이 이미 알고 있는 상식만 더욱 강화하는 결과를 낳을 것이다. 국제 '공동체'의 가난하고 힘없는 구성원 대부분은 자신들이 결코 북반구 국가들처럼 할 수 없다는 것을 알고 있지 않은가? 남반구 사회주의자들은 재정정책의 한계는 정치권력에 의해 결정된다는 올바른 교훈을 이끌어내야만 한다. 국제 연대를 이루려면 우리는 위기 종식 시점에 남반구 외채 탕감과 원조를 다시 추진해야 한다.

외채 탕감은 '제3세계 운동'으로 알려진 흐름이 태동할 때부터 핵심 쟁점이었다. 운동가들은 오랫동안 '부당 외채 odious debt'〔저자주 103번 참고〕탕감을 위한 캠페인을 벌였다. 이들은 밀레니엄 외채 캠페인을 통해 일정한 성과를 거두기도 했지만 이것만으로는 부족한 나라가 많았다.[127] 코로나19 위기의 직접적 결과로서 남반구 전역을 난타한 금융 위기의 충격에 대처하기 위한 IMF의 주목할 만한 대출 프로그램조차 장기적인 채무 지속 가능성 쟁점을 다루기에는 충분하지 않을 것이다. 오래된 외채 무더기 위에 새 빚을 쌓는다고 가난한 나라들이 독립 이후 계속 참고 견뎌온 외채와 종속의 악순환에서 벗어날 수는 없다. 지금 당장 필요한 것은

외채 탕감이다.[128]

2020년 4월 G20 재무부 장관들은 연말까지 저소득 국가들의 외채 이자 지불을 중지하는 데 합의했다. 그러나 이자 지불 중지란 그저 고통을 연말까지 연기하는 것에 불과하며, 지구 경제는 그때까지도 심각한 불황에서 벗어나지 못할 가능성이 높다.[129] 게다가 G20 합의에 양자간 대출은 포함되지 않는다. 남반구 국채를 상당 규모로 보유한 금융기관과 특정 국가는 팬데믹 기간에 채무국과 건설적인 관계를 맺으라고 요청받았지만 그렇게 해야 할 의무는 없다.

1980년대의 구조조정 프로그램부터 오늘날 그리스까지, 제국주의 채권자들의 폭넓은 권력은 몇 차례나 주변부 국가들을 자본의 규율에 무릎 꿇리는 데 활용됐다. 코로나19 팬데믹은 이러한 제국주의적 추출 관계를 더욱 심화시킬 것이다.

4장 재건

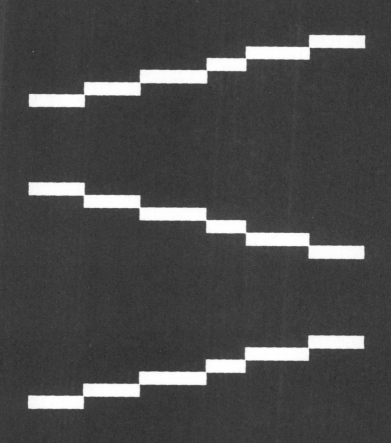

모든 경제 문제는 곧 정치의 문제

'위기 속에서는 누구나 사회주의자'라고들 한다. 코로나19 팬데믹에 난타당한 각국 경제가 전 지구적 경제 붕괴로 나아가는 길목을 막아선 것이라고는 대규모 국가 개입 뿐인 상황에서, 정부에게 뒤로 물러서라고 주장하면서 기업이 망하고 은행이 파산하며 자가 소유자가 담보대출을 갚지 못하는 사태를 방치할 정치인이나 경제학자는 거의 없다. 비록 일부 국가는 바이러스를 완전히 통제하기도 전에 봉쇄 조치를 풀고 '익숙한 일상'으로 돌아가려고 하지만 말이다.[130]

보통 때 신자유주의자들은 이른바 자유경쟁 시장의 작동에 조금이라도 간섭할라치면 즉각 반발하고 나섰다. 이들에 따르면 공공 투자가 너무 많을 때 가격 메커니즘의 자연스러운 작동이 왜곡되는데, 이 가격 메커니즘이야말로 공급과 수요의 균형을 유지함으로써 사회의 자원이 효율적으로 분배되도록 촉진한다는 것이다. 국가가 가격 메커니즘을 배제하고 이 문제에 대처하려면 가용 자원이 얼마나 되는지 정확히 알아야 하며 이를 어떻게 사용할지에 대한 구체적인 계획이 있어야 한다. 하지만 경제는 중앙 계획에 따르게 만들기에는 너무도 복잡한 시스템이다. 선의의 관료적 개입이라도 의도하지 않은 결과를 낳기 마련이며 이는 효율성을 강화하기는커녕 약화할 가능성이 높다.

한편 우익 경제학자들에 따르면 사기업을 공공 소유로 만들거나 공적 자금으로 지원하는 것은 자본주의의 역동성에 토대를 제공하는 슘페터적 힘(창조적 파괴)을 방해한다. 환경적으로 지속 가능한 제품을 생산하거나 신기술을 연구하는 기업에 보조금을 지급하거나 저렴한 대출을 제공하면 이러한 기업들이 자원을 효율적으로 사용할 수밖에 없게 만드는 인센티브가 제거된다. 이들은 국가 담당자와의 관계가 가까워질수록 점점 더 부패와 후견주의clientelism에 빠져들게 되면서 기업 지배구조가 손상될 것이다. 관료는 국가가 후원하는 민간 대기업 내의 동조자와 함께 그들만의 이익을 위해 권력을 사용할 것이다. 자유시장 이데올로그들에 따르면 그린 뉴딜은 환경 파괴를 더욱 악화하는 부패와 비효율성을 초래할 뿐이다.

그러나 이런 주장은 현실에 존재하는 자본주의가

어떻게 기능하는지에 대한 증거를 통해 반박된다. 이미 자본주의 시스템은 국제 독점기업들과 국가 및 국제기구 깊숙한 곳에 포진한 그들의 고객 사이의 뿌리 깊은 결탁을 특징으로 하며, 이는 온갖 부채와 비효율성을 낳고 있다. 금융, 기업, 정치 엘리트들은 경제 활동을 계획하기 위해 협력한다. 그러나 이들은 대중의 이익이 아니라 그들 자신의 이익을 위해 협력하는 것이다.

정부는 격랑 속에서 더 작은 경쟁자들을 흡수하고 환경 및 노동 규제를 비웃으며 조세를 회피함으로써 경제 전체에서 막대한 부분을 차지하게 된 기업들에 다시 보조금과 저렴한 대출 그리고 상당한 규모의 전면적 구제책을 제공하고 있다. 한편 중앙은행은 경제 전체에 자본을 어떻게 할당할지에 대해 계획하는 중대한 역할을 수행하고 있지만 그 목적은 자산 가격을 부풀리고 용처가 어디든 아랑곳하지 않고 민간부문 전체에 저렴한 대출을 제공하는 것이다. 화석 연료 업체들은 국가의 지원을 받으려는 로비에 여념이 없으며 공해 유발 기업들은 쉽게 저금리 대출을 받고 있다. 쓸모없는, 아니 더 나아가 해로운 재화와 서비스를 공급하는 기업(이들

대다수는 그 공급 방식 역시 매우 비효율적이다)도 국가의 아낌없는 지원 덕택에 부도의 운명을 벗어나 살아남았다. 이것이 국가 독점자본주의의 현실이다.

우리는 자본주의를 총체적 시스템으로 이해하는 법을 배워야 한다. 자본주의에서 국가와 자본가, 그리고 여타 막강한 지배계급 행위자들은 그들 자신과 이들을 낳은 시스템의 생존을 위해 협력한다. 위기 앞에서 자본주의 국가, 은행, 기업들은 각자 행동의 결과가 서로에게 해가 되지 않도록 보호하고 경기 하강의 충격을 억제함으로써 근본적인 정치·경제 변혁 요구를 미연에 방지한다. 부는 영향력으로 변환되고, 영향력은 다시 부로 돌아온다. 경제 문제에 비정치적 해법이란 없다. 모든 경제 문제는 곧 권력의 문제다.

여기에서 이런 질문이 제기된다. 우리가 이미 계획 경제 속에 살고 있다면 결정권자들은 감시받지 않아도 된다는 말인가? 우리의 삶을 좌우하는 계획이 민주적으로 결정되지 않아도 되는가? 위기에서 비롯된 지구자본주의의 독점화는 이러한 권력과 소유의 질문을 대중적 토론의 핵심 쟁점으로 부상시킬 것이다. 그러나 전 지구적 독점기업들과 이

들을 뒷받침하는 제국주의 국가들은 그들에 대한 싸움 없이
는 권력을 포기하려 하지 않을 것이다.

현재 많은 서방 민주주의 국가에서 출현 중인 과
두제 경향에 맞서는 유일한 길은 근로 대중에 대한 공직자의
책임을 강화하고 경제 자체를 민주화하는 것이다. 정부 부
처, 중앙은행, 비정부 공공 조직들은 모두 더욱 강화된 공적
감시 아래 놓여야 한다. 또한 우리는 우리의 초거대기업들과
금융기관들에 공적 소유와 민주적 통제를 도입해야 한다. 정
부가 대규모 구제 프로그램에 착수한다면 그 대상이 되는 기
업들은 소수 엘리트가 아니라 민중에 의해 운영되어야 한다.
이러한 민주적 의제의 목표는 우리 경제를 탈탄소화하면서
동시에 생활 수준을 개선하고 불평등을 줄이는 것이다.

자유시장주의자들은 이런 계획에 반대하며 늘 같
은 주장을 다시 꺼내들겠지만 우리가 이미 국가에 의해 계
획되는 비경쟁적, 독점적 경제에 살고 있다는 현실과 맞닥뜨
리게 될 것이다. 이들은 다른 형태의 자본주의로 돌아가자고
주장할지 모르지만, 거기에 실제로 도달할 길(막대한 사회·정
치적 비용을 치르지 않고는 도달할 수 없다)을 지도로 그려 보일 수

없는 한 이런 주장은 옹호될 수 없다. 이제 사회주의자들은 코로나19 위기에 대처하며 현재 진행되는 상당 수준의 국가 계획(이미 지난 몇 년 동안 작은 규모로 시행돼왔고 앞으로도 몇 년간 지속될 가능성이 높다)을 강조하면서 민주적 그린 뉴딜을 주창하기 시작해야 한다. 자유주의 정치·경제가 구축한 '국가'와 '시장' 사이의 경계선은 지금 역사상 어느 때보다 더 희미하다. '계획이냐 아니냐'를 고민할 때는 지났다. 이제는 '누구를 위해 계획해야 하는가'를 선택해야 할 때다.

누구의 이익을 위한 계획인가

사회주의가 대기업을 위한 복지를 뜻한다면 우리는 사회주의가 엄청난 규모로 부활하고 있다고 볼 수 있을 것이다. 그러나 물론 사회주의는 대기업을 위한 복지 따위가 아니다. 국가 개입 수준이 높아지면 저절로 사회주의가 실현되리라는 주장은 고려할 가치가 없다. 자본주의 국가가 일시적인 노동시장 개입과 전략적인 국유화를 통해 스스로 쉽게 사회주의 국가로 탈바꿈하는 일은 있을 수 없다. 보건과 교육에 정부가 지출하는 금액(현 상황에는 오히려 무급휴직 furlough 제도*와 기업 융자)이 아무리 많아도 이를 통해 사회주의 국가가 될 수는 없다. 레닌은 《국가와 혁명》에서 "독점자본주의 혹은 국가독점자본주의는 더 이상 자본주의가 아니며 '국가사회주의'나 비슷한 류의 다른 이름으로 불릴 수 있다는 부르주아 개혁주의 관점은 매우 널리 퍼진 오류"라고 주장했다. 그는 이렇게 덧붙였다. "그러나 이들이 선보이는 계획이 어느 정도든 우리는 여전히 자본주의 아래 남아 있다. 자본주의, 그러니까 실제로 새로운 국면에 진입하기는 했지만 여전히 의심할 바 없는 자본주의 말이다."

각국 정부의 비상 대응이 없었다면 코로나19 위기는 즉각 통제 불능 상태로 치달았을 것이다. 파산 절차 중에 실시되는 자산 염가 매각이나 절망에 빠진 채권자가 쏟아내는 투매는 부채 디플레이션 과정을 촉발시켰을 것이고, 그로 인해 자산 가격이 떨어지면서 미청산 부채의 실질 가치가 상승했을 것이다.[13] 채무에 비해 자산 가치가 급락하는 상황에서 이제껏 신용도가 높았던 가계, 기업, 금융기관들도 지급

* 팬데믹 기간 중에 노동자의 고용은 유지하되 무급휴직 처리하고 급여 일부를 국가가 지급하는 제도를 일컫는다.

불능 상태에 빠지고 말았을 것이다. 이런 부채 디플레이션 순환은 대기업과 금융기관들에 거의 무제한으로 지원과 보증을 제공하는 곤욕을 치른 덕에 방지됐다. 달리 말하면 기업 지원 정책은 자본주의를 그 자신으로부터 구하기 위해 기획된 것이었다.

　　　　노동자들에게 제공된 지원도 이와 같은 관점에서 봐야 한다. 영국에서는 소비자 지출이 GDP의 약 65퍼센트를 차지한다.[132] 노동자들이 자동차, 주택, 의류, TV, 식료품을 구매하지 않는다면, 1980년대 이후 빚을 연료로 삼은 지출의 극적 확장 덕택에 이제는 거의 누구나 입수할 수 있게 된 다른 소비재의 홍수를 소화해주지 않는다면 경제는 무너질 것이다. 기업들은 생산을 통해 창출한 이윤을 실현하지 못할 것이고 그 결과 기업이 대출을 상환할 수 없게 되면 은행들도 덩달아 쓰러질 것이다. 영국 정부는 지출을 늘리고 있으니, 영국 자본가들(사실은 전 세계 자본가들)이 더 많이 지출하기 위해 이를 필요로 하기 때문이다. 게리 스티븐슨은 이렇게 주장한다. "정부는 부자들의 지출 감소를 대신해 새 화폐를 찍어냈고, 그 덕분에 근로 대중이 부자들에게 계속 돈을 상납할 수 있다."¹³³ 이 지출은 부유층이 계속 이득을 보는 한 지속될 것이다. 그렇지 않으면 1분도 더 지속되지 못할 것이다.

어느 나라든 정치권력의 근본 성격은 항상 노동과 자본의 힘의 균형, 그리고 이 균형이 제도화되는 방식에 따라 결정된다. 최근 영국 정부의 전례 없는 개입은 금융 주도 성장을 떠받치는 동맹, 즉 대자본가와 자가 소유자들의 이익을 뒷받침했다. 금융 시스템은 늘 그렇듯이 국가의 가용 자원을 총동원한 지원을 받고 있으며 대기업들은 거의 무제한의 유동성풀을 제공받았다. 한편 담보대출이 있는 가계에는 즉각 3개월간의 담보대출 상환 유예 조치가 실시됐다.

노동조합운동의 압력을 받자 영국 재무부 장관 리시 수낙은 위기가 악화되는 동안 고용주가 직원을 해고하지 않고 유지하도록 월 최대 2500파운드까지 노동자 임금의 80퍼센트를 국가가 보전해주는 무급휴직 제도를 발표했다. 현 복지 시스템이 실업수당 청구자들에게 충분한 생계비를 제공하지 못한다는 점을 암묵적으로 인정하면서 수낙은 무급휴직 제도에 70억 파운드가 넘는 돈을 투입했는데, 이

규모라면 모든 실직자가 주당 20파운드 이상을 지급받는 셈이 된다. 그러나 긱 경제geek economy* 영역의 불안정 노동자들을 포함해 500만 명에 이르는 영국의 자영업자 가운데 다수는 별도의 소득 지원 제도에 지원하려고 안간힘을 써야 했다. 또한 법정 상병수당은 주당 약 95파운드에 머물렀는데, 이는 모든 선진국 경제 중 가장 낮은 수준으로서 많은 이들이 병원비와 기본 생활비는커녕 임대료를 충당하기에도 턱없이 모자랐다. 한편 미국에서는 하원이 모든 미국 시민에게 1200달러를 한 차례 지급하는 방안을 승인했다. 의료보험도 없는 데다, 야박하고 이해하기도 힘든 복지 시스템의 수혜자가 될 기회조차 불평등한 미국의 2000만 실직자들에게 버팀목이 되기에는 너무도 부족한 액수지만 말이다.[134]

우리가 지금 겪고 있는 위기와 2008년 금융 붕괴 이후의 위기 사이에는 차이점이 있다. 2008년 이후에 많은 이들이 자기 집을 잃었고, 그보다 더 많은 이들이 일자리를 잃었다. 고통은 엄청났지만 사회의 극빈층에만 한정되지는 않았다. 그러나 코로나19 불황의 경제적 리스크는 훨씬 더 개인화되어 있고 더 혹독하다. 높은 임대료와 교통비에도 불

---

* 기업들이 정규직은 전혀 채용하지 않은 채 필요할 때마다 노동 제공자와 임시로 계약을 맺고 일을 시키는 경제 형태로, 주로 신흥 플랫폼 산업에서 나타난다. '긱geek'은 20세기 초 미국의 재즈 공연장에서 필요할 때마다 임시로 연주자를 섭외해 일을 시키던 방식을 뜻한다.

구하고 임금은 정체된 탓에 영국은 코로나19가 엄습하기 전에 이미 생계비 위기를 겪고 있었다.[135] 10년간 정부가 긴축을 실시한 탓에 가계 저축은 위험할 정도로 낮은 수준이었고 800만 가구 이상이 어떤 형태로든 과잉 부채와 씨름하고 있었다.[136] 2017년은 1987년 이후 처음으로 가계가 수입보다 더 많은 돈을 지출한 해였고 그 차액은 새로운 빚을 내거나 저축을 줄여 충당되었다.[137]

무급휴직 제도와 이와 비슷한 자영업자 지원 제도는 단기적으로 고통의 일부를 덜어줬지만, 수백만에 이르는 사람들은 빚을 지지 않고 어떻게든 살아보려고 안간힘을 쓰고 있고, 이들이 벼랑 끝까지 내몰리는 것은 시간문제다. 기업들은 코로나19와 관련된 제한 조치를 어렵게 견뎌내고 있고 사람들이 소비를 줄이는 데다 공공장소 역시 어쩔 수 없이 주기적으로 문을 닫게 되자, 점점 더 많은 고용이 불안정한 노동자들이 지속적인 대규모의 일자리 상실에 직면하고 있다. 어떻게든 바이러스에서 벗어난다 하더라도 안정된 소득이 없는 자영업자, 제로아워zero-hours contracts** 계약 노동자, 긱 경제 종사자, 프리랜서, 영세 자영업자, 그리고 커미션

<hr>

** 노동시간을 아예 정하지 않은 채 고용주가 요청할 때만 업무를 진행하는 비정규직 노동 계약을 일컫는다. 특히 영국에서 확산된 극히 불안정한 고용 형태이며 많은 비판을 받고 있다.

을 받아 살아가는 이들은 궁지에 처할 것이다.

한편 남반구의 많은 국가에 팬데믹은 생존의 위협으로 다가오고 있다. 유행 초기에 이들은 바이러스의 확산과 동떨어져 있었지만 이제는 사하라 이남 아프리카 같은 지구 경제의 주변부에서도 확진자가 늘고 있다. 팬데믹이 시작되기 전에 이미 외채난을 겪고 있던 많은 국가들은 지금 디폴트 직전 상황이다. 양자간 협약에 따른 채권자들과 국제기구들이 제공하는 지원은 근본 문제, 즉 일부 국가에서 영원히 완전 상환이 불가능할 정도로 불어난 외채 문제를 해결하기에 충분하지 않다. 대다수의 국제 지원은 부대조건을 달고 있기 때문에 이 문제의 1차적 원인인 종속 관계를 더욱 악화시키기만 한다. 이들 국가의 정부는 채무를 성실히 이행하는 것과 팬데믹과 싸우는 데 필요한 기본 자원을 제공하는 것 사이에서 양자택일해야 하는 처지에 몰렸다. 지구자본주의에 계속 그림자를 드리우는 노골적이고 부당한 불평등은 기후 위기에 그리 책임도 없는 이들 국가에 앞으로 기후 붕괴의 대참사가 벌어질수록 더욱 악화되기만 할 것이다.

유일한 해결책은 전 지구적 그린 뉴딜

영국과 다른 선진 자본주의 국가들은 그들이 선포한 비상 대응 태세를 어떤 방식으로 해제하게 될까? 그리고 이러한 지원은 어떻게 남반구로 확대되어야 할까? 코로나19의 장기간의 부정적 수요 충격에 대한 최적의 해법은 전 지구적 그린 뉴딜이다. 이는 민주적으로 결정된 공적 우선순위를 중심으로 구축된 거대한 국가 투자 패키지로서 민주적 공공 소유의 확장 등을 포함한다. 이러한 계획은 오늘날 경기 침체의 영향을 흡수하면서 장기적으로 경제의 지속 가능성을 높일 것이다. 중심부 나라들에서는 국가가 이러한 투자를 자력으로 추진하겠지만 남반구에서 동일한 과제를 수행하려면 북반구의 기술과 자원의 이전이 필요하다. 극단적 기상 현상, 사막화, 기온 상승의 위험이 가장 높은 국가를 지원하기 위해 새로운 국제개발은행을 설립할 수도 있다. 워싱턴 컨센서스와 결합된 규칙·규범과 단절한다면 국제기구들의 신뢰를 재구축하고 공정하고 지속 가능한 전 지구적 협력의 새 시대를 여는 데 도움을 줄 수 있을 것이다.

이런 시나리오가 억지처럼 보일지도 모르지만, 행동을 취하지 않는다면 그 비용은 엄청날 것이다. 코로나19 위기는 끝없는 자본주의 축적의 압박 아래에서 우리의 환경 시스템이 붕괴하기 시작할 때 어떤 삶이 펼쳐질 것인지에 대한 답을 세상에 선사했다. 잇단 자연 재해로 갈가리 찢겨져 많은 이들이 생존에 필요한 자원에 접근할 방법조차 없는 세상 말이다. 그렇기에 우리의 자연계가 더 망가지는 것을 막기 위해 일상적 경제 활동에 엄격한 제한 조치들을 시행해야만 한다.

대봉쇄의 지속이 기후 붕괴 문제에 대한 해법이 아님은 분명하다. 대봉쇄는 전 지구적 탄소 배출에 즉각적인 영향을 끼쳤다. 하지만 이 위업은 상당수 경제 활동을 거의 정지시키는 극단적인 조치를 통해 달성됐다. 많은 사람들이 일터로 가지 못하고 더 많은 이들의 일상적인 이동과 소비가 억제된 상황에서, 인간이 환경에 미치는 영향은 감소할지 몰라도 인간의 소득 또한 억제됐고 공급 사슬이 끊겼으며 그 결과로 수백만 명이 빈곤, 노숙, 파산 일보 직전 상태가 됐다.

기후 붕괴에 적응하는 과정과 코로나19에서 회복되는 과정은 모두 정의로워야 한다. 비용과 잠재적 이득은 균등하게 분배돼야 하며 이를 견뎌내기 가장 힘든 이들에게 강요돼서는 안 된다. 그러나 사회주의자들이 장기적으로는 기후 붕괴가 코로나19보다 훨씬 더 인류의 생존에 위협이 된다는 것을 근거로 지속 가능한 녹색 경제로 전환하자고 주장하는 데 이 국면을 활용한다면, 우익은 그런 지출은 감당하기 어렵다고만 이야기할 것이다.

표면적인 차원에서 보더라도 이는 거짓이다. 선진국들이 2030년까지 넷 제로net zero*에 도달할 수 있게 하는 전 지구적 그린 뉴딜은 나머지 국가가 자신들의 탈탄소화 목표를 달성하는 데 더 많은 여유 시간을 줄 것이고, 녹색 교통과 에너지 인프라에 대한 엄청난 투자, 녹색 기술 연구, 상당 규모의 녹색 건축 및 개보수 프로그램을 수반할 것이다. 이런 프로그램은 지금 당장 일자리를 새로 만들고 수요를 촉진할 뿐만 아니라, 경제가 장기적으로 생산할 수 있는 총량을 확대함으로써 세수를 늘리고 이에 따라 이 프로그램에 참여하는 국가들의 신용도를 높일 것이다.[138]

---

* 온실가스 배출량(+)과 제거량(-)을 더했을 때 순 배출량이 '0'인 상태를 말하며, '탄소중립carbon neutral'이라고도 한다. 기후변화에 관한 정부간 협의체IPCC는 이번 세기 안에 지구 평균 기온 상승을 1.5도 이내로 제한해야 대멸종과 문명 붕괴를 피할 수 있으며 그러려면 2050년까지 넷 제로에 도달해야 한다고 전망한다.

더 심층적인 수준에서 보면 기후 붕괴 대처 실패에 따른 비용은 천문학적이다. 기후 붕괴 속도는 점점 더 빨라지는 중이며, 이렇게 되면 불과 몇 년 안에 지구의 많은 부분이 거주가 불가능한 지역이 되고 말 것이다.[138] 지난 5년은 기록이 시작된 이래 온도가 가장 높았으며,[140] 평균 기온 상위 20위는 모두 지난 22년에 몰려 있다.[141] 우리의 숲이 파괴되고 대양이 산성화되는 상황에서, 기후 변화의 영향이 현재 SF소설의 소재인 '온실 지구' 같은 재앙을 갑작스럽고 예측 불가능할 정도로 빠르게 앞당기는 일련의 티핑 포인트에 도달하기까지는 오랜 시간이 걸리지 않을 것이다.[142]

순전히 경제적 근거에서 따져 봐도 경제와 환경의 장기적 피해를 막기 위해 지금 바로 광범하게 개입해야 할 이유는 충분하다. 기후 변화를 해결하려면 수조 달러 상당의 화석 연료가 땅속에 남아 있어야 하며 화석 연료 기업들은 '좌초 자산'*을 짊어져야 할 것이다. 이 문제를 감안한다면 화석연료 산업의 주식 평가는 지나치게 낙관적인 것으로 보인다. 지구 경제에 1조 달러에서 4조 달러에 이르는 탄소 거품이 존재한다는 주장도 있다.[143] 다른 한편 이들 자산이

---

* 주변 환경의 급속한 변화로 가치가 크게 떨어져 조기 상각되거나 부채로 돌변할 위험이 있는 자산을 말한다.

좌초 자산 신세를 면한다면 환경과 정치, 경제의 파국이 한꺼번에 몰아닥쳐 어떤 식으로든 수조 달러는 족히 넘는 피해가 생길 것이다. 그렇다면 문제는 기후 변화에 대한 대처가 적절한지 아닌지가 아니다. 누가 그 비용을 지불할 것인지가 문제다.

그린 뉴딜의 주창자들은 이 물음에 선명한 답을 내놓는다. 부유한 이들이 가난한 이들보다 탄소 배출 책임이 훨씬 더 크기 때문에 탈탄소화의 부담 가운데 더 많은 부분을 짊어져야 한다. 옥스팜 Oxfam**에 따르면, 지구 인구 가운데 가장 부유한 10퍼센트가 탄소 배출의 절반에 책임이 있으며, 영국 인구의 상위 10퍼센트의 탄소 배출량은 하위 10퍼센트 가계 탄소 배출량의 3배나 된다.[144] 그뿐만 아니라 탈탄소화 지지 여론을 튼튼히 구축하려면 우리는 탈탄소화가 일자리, 교통, 조세에 끼칠 충격을 우려하는 근로 대중의 근심을 알아차리고 이에 답해야 한다.

많은 자유주의자의 주장과는 반대로 기후 정의는 개인의 행동 변화가 아니라 시스템 변화를 통해서만 실현될 수 있다. 공해기업들은 우리가 기후 붕괴를 개인적 책임

** 1942년에 영국 옥스퍼드대학에서 시작된 세계 기아퇴치운동. 옥스퍼드의 ox와 '기근famine'의 fam을 합쳐 만든 이름이다. 현재는 국제 빈곤 해결과 전 지구적인 불평등 해소에도 앞장서고 있다.

의 문제로 생각하도록 조장함으로써 이득을 본다. 예컨대 기후 붕괴를 둘러싼 대중적 논의가 플라스틱 빨대, 쓰레기 재활용, 채식주의에 맞춰진다면 석유기업들은 굉장히 편리해질 것이다. 거대 공해기업들은 이윤을 창출하는 과정에서 야기한 피해에 대해 비용을 지불해야 한다. 거대 공해기업들이 적어도 1970년대부터 화석 연료 사용의 후과를 알고 있었다는 증거가 이미 드러났지만, 이들은 그 이후에도 수십억 달러 상당의 이윤을 벌어들였다. 심지어 그 이윤의 일부는 기후 변화 부정론을 후원하는 데 쓰였다.[145]

　　　탄소세를 부과하거나 소박한 행동 변화를 촉구하는 대신에 근로 대중은 오염 유발 행위에 대한 금지를 강화하고 투자 촉진으로 탄소집약부문의 일자리 손실을 상쇄하기 위해 국가에 영향력을 행사해야 한다. 재활용, 에너지 절약형 전구, 플라스틱 빨대에 초점을 맞춘다면 사람들이 기후 붕괴를 개인의 수준에서 사고하게 함으로써 국가를 압박하는 운동이 등장하지 못하게 가로막는 결과를 낳는다. 마찬가지로 '탈성장' 같은 현학적 유행어는 희소성과 빈곤의 이미지를 떠올리게 함으로써 사람들이 기후 행동에 나서지 못하게 방해한다. 기후 붕괴에 대처하려면 자연 환경을 착취할 뿐만 아니라 인간 또한 착취하는 자본주의 시스템에 반격할 수 있는 대중운동이 필요한 것이다.

그린 뉴딜은 전 지구적이어야 한다. 또한 현존 국제기구들의 바깥에서 근로 대중 사이의 협력을 통해 추진되어야 한다. 전 지구적 그린 뉴딜은 기후 붕괴의 지구적 위협에 맞서기 위해 필요할 뿐만 아니라 금융 지구화를 떠받치는 제국주의 체제와 대결하기 위해서도 필요하다. 자본 이동은 2008년 금융 위기가 일어나는 데 한몫했을 뿐만 아니라 남반구의 자금을 빨아들여 뉴욕의 월스트리트와 런던의 시티 같은 금융 소용돌이에 풀어놓았다. 현재 자본의 흐름은 전 지구적인 팬데믹 가운데 있는 수십억 인구에게 의료 서비스를 제공할 책임이 있는 각국 정부의 지불 능력을 위협하고 있다.

가장 시급한 과제는 남반구 외채 탕감이다. 보다 장기적인 차원에서 보면 세계은행과 IMF는 기후 변화를 다루는 것과 같은 국가 개입에 대해 단지 눈살을 찌푸리는 수준을 넘어 실제로 이를 금지하기까지 한다. 선진국들은 지구 경제의 새로운 규정을 작성하기 위해 힘을 모아야 한다. 남반구 국가들은 신자유주의를 떠안도록 강요받는 대신 번영으로 나아가는 저마다의 길을 선택할 수 있어야 한다. 강대국들은 남반구에 해만 끼치는 관행을 중단해야 한다. 이 위기는 오랫동안 지체된 국제 무역 및 투자에 대한 법률의 개혁에 착수하는 기회가 되어야 하며, 그러자면 조세 회피와 싸우고 투자를 촉진하며 제국주의적 추출을 방지해야 한다. 동시에 부유한 국가들은 남반구 국가들에 대한 직접적인 자원 및 기술 이전을 단행해야 한다. 또한 이들은 기후 변화에 맞서기 위해 다른 부국들과 협력해야 한다. 기후 변화에 대처하기 위해서는 예전의 평화로운 시기에 좀처럼 보기 힘들었던 엄청난 수준의 공적 지출과 국제 협력이 필요하기 때문이다.

'국가를 위한 재정 긴축'이라는 거짓말

팬데믹이 끝날 즈음에 북반구 여론이 그린 뉴딜이

아닌 긴축정책으로의 복귀를 지지하지 않을 것이라는 보장은 없다. 만취할 때까지 술을 퍼마시고 돈을 흥청망청 쓰는 방만한 시기 후에는 원금 회수와 숙취에 시달리는 속죄의 시기가 온다는 생각이 우리의 상식에 뿌리 깊게 박혀 있다. 이 전제는 임금 인상을 저렴한 대출로 대신함으로써 근로 대중의 머리 위에 상환 불가능한 가계 부채를 산더미처럼 쌓아놓는 결과만을 낳은 현대 자본주의의 생생한 경험을 통해 더욱 강해진다.

영국의 집권 여당인 보수당은 여전히 자당 지지층의 이익을 런던의 시티에 중심을 둔 국제화·금융화된 자본가계급의 이익과 조율하는 것을 지상과제로 삼고 있다. 콜린 레이스의 표현처럼 보수당은 "권력을 쥐는 데 필요한 지지층의 이익과 전 지구적 자본의 요구 사이의 긴장을 해결"[146]하는 데 골몰하고 있다. 영국 자본의 모든 부문을 단결시키는 몇 가지 공통 관심사가 존재한다는 것은 분명한 사실이다. 그중 한 가지는 규제 완화, 법인세 및 자산세 인하와 이를 완전히 회피하는 방법에 대한 선호다. 자본 이동은 영국 경제의 국제화·금융화된 사업 모델의 토대이며 따라서 영국 자본가계급의 또 다른 중대한 공통 관심사다. 영국 자본의 모든 부문에는 최종 규제자이자 대부자, 계약 추심인, 안전 자산의 원천으로 기능할 수 있는 강력한 국가가 필요하다. 또한 국가는 정부 조달, 아웃소싱, 자문, 회계, 국가 자산 사유화를 통해 이윤 추구의 길을 직접 열어줄 뿐만 아니라, 타국에서 자본을 축적할 기회를 만들어줌으로써 해외에서 영국 자본의 이익을 촉진한다.

하지만 논의를 더 전개하면 그림이 더 복잡해진다. 초거대기업과 금융기관들로 이뤄진 영국 자본 중 가장 크고 가장 잘 조직된 부분은 영국 경제에 닻을 내리고 있지 않는다. 즉 이들 자본가의 이윤은 영국 소비자, 기업 혹은 국가의 경제 활동에 그다지 의존하지 않는다. 따라서 영국의 인프라, 공공 서비스 혹은 임금 상태에 별 관심이 없다. 특히 소비자 대면 서비스와 영국 제조업의 남은 부분 같은 영국 자본의 다른 부문들은 국가 지출의 이러한 측면에 좀 더 관심을 갖는다. 그러나 영국의 금융·전문직 서비스·부동산 부문은 역사적 뿌리나 그 규모와 강력한 조직 면에서 자신들의 이익이 자본의 다른 부문보다 우위에 서도록 만들 수 있다.

이 자본부문은 앤드류 갬블이 '자유 경제와 강한 국가'라 부른 것을 선호할 이유가 충분하다. 즉 국가는 국내에서 자본이 바라는 바를 집행하고 국외에서 자본의 이익을 보호할 수 있을 만큼 강력해야 하고, 동시에 민간부문이 수행할 수 있는 활동 영역으로까지 손을 뻗쳐 자본 축적의 길을 막아서는 안 된다.[147]

이것이 영국 정부가 긴축을 추구하는 첫 번째 이유다. 이는 경제적이라기보다는 정치적인 명령이었다. 논평가들은 영국 정부 적자와 국가 부채 규모의 감축을 위해 긴축한다는 공식 발표를 그대로 믿곤 한다. 그래서 이들은 보수당의 긴축 체제를 바라보며 실패라 외친다. 긴축은 저성장, 저투자, 임금 및 생산성 정체의 10년을 안겨준 전 지구적 장기 침체 추세와 충돌을 빚었으며, 이 때문에 공공 부채를 줄이려는 노력이 타격을 입었고 민간 부채가 극적으로 증가했다. 그러나 영국 지배계급은 어리석지 않다. 지배계급 구성원들은 분명히 국민소득에서 정부 부채가 차지하는 상대적 비중을 늘리기만 하는 긴축 의제를 강요하는 게 아니라 투자를 통해 영국 경제를 성장시키는 것이 정부 부채를 줄이는 최선의 길이라는 사실을 깨닫게 될 것이다. 긴축은 적자를 줄이기 위한 것이 결코 아니었다. 이는 영국 지배계급이 가장 취약한 상태에 놓여 있을 때 이들의 정치·경제 권력을 그대로 유지하기 위한 것이었다. 이제는 국가가 자본의 축적 전략뿐만 아니라 기본 생존을 위해서도 너무나 중요해졌기에 영국 자본으로서는 영국 정부에 대한 통제가 더없이 중요해졌다.

영국 재무부와 시티는 보리스 존슨과 수낙에게 다시금 적자를 메꾸라고 압력을 넣고 있다. 조지 오스본은 이를 국채 보유자들을 안심시키기 위해 "지출을 축소하고 공공부문 부채를 감축하려고 시도하는 국면"[148]이라 일컬었다. 그러나 정책 입안자라면 이제는 국가 지출의 대대적 삭감이 생산을 줄이고 세수를 더욱 감소시킴으로써 실제로는 GDP 대비 공공 부채 규모를 더 늘릴 수 있음을 깨달았어야 한다.[149] 정부는 일정한 형태의 법인세 인상을 통해 세입을 늘리려고 시도할 수 있겠지만 조세 회피에 대처하지 못한다면 이런 조치로도 세수는 그다지 늘지 않을 것이다. 토리당(영국 보수당) 투표층의 인구 구성과 영국 자본의 이해관계로 볼 때 자산세를 수용하기는 불가능하고, 소득세, 사회보험료 혹은 부가가치세의 인상은 이미 억눌릴 대로 억눌린 소득에 더 큰 압력을 가하게 될 것이다. 많은 노동자는 위기가 끝나는 시점에 실업자 신세가 될 것이고 노동자 권리에 대한 지속적인 공격은 정부가 국가 규모를 늘리지 않으면서 이윤을 뒷받침할 수 있는 얼마 안 되는 방식 중 하나다. 아직 일자리를 잃지 않은 이들에게 더 많은 세금을 물리려는 시도로는 정치적 고통만 야기할 뿐 세수를 충분히 늘리지 못할 것이다.

한편 보수당 지지연합을 안정시키기 위해 존슨은 그에게 승리를 안겨준 지역에서 투자를 촉진하겠다는 선거 공약을 이행해야 할 것이다. 인프라 투자에 쓸 자금을 마련해야만 하는 것이다. 물론 이러한 투자는 자본이 정부의 아낌없는 혜택에서 멀어지는 일이 없도록 민간부문의 후원* 아래 실시되겠지만 말이다. 의료와 사회적 돌봄은 사유화가 가속화될 가능성이 높지만, 어쨌든 〔그전까지는〕 이에 대한 지출 역시 늘어나야만 한다. 하지만 지난 정부**가 그토록 치열하게 추진했던 다른 국유 자산의 사유화는 국유 기업들이 더욱 악화된 경제 환경 속에서 어렵사리 버티는 형편이기에 일단 중지된 상태다.

* 앞에서 언급한 관급 공사의 민간주도투자 제도를 뜻한다.
** 역시 보수당 소속이었던 데이비드 캐머런의 정부(2010~2016년)를 말한다.

그러면 그린 뉴딜은 어떠한가? 이런 투자 프로그램은 오래된 보수당 투표층에서는 제한된 지지만을 얻을 것이다. 토리당 지지층(대체로 퇴직한 고령의 자가 소유자)에게는 뚜렷한 공통 관심사가 있다. 주택 가격은 계속 높은 상태를 유지하고 그들의 생활수준은 보호받아야 한다는 것이다. 노동 수요 증가와 맞물린 임금 인상과 새롭고 안정된 일자리의 창출은 대부분 이미 퇴직한 보수당 투표층에게는 이득을 주지 못할 것이다. 그중 다수는 일을 하지 않거나 퇴직을 앞둔 상태이기에 일자리, 임금, 노동시간, 노동권에 관심이 없다. 자식이 더 이상 학교를 다니지 않기 때문에 교육에 신경을 쓰지도 않으며 먹고 사는 걱정이 없기에 연금, 의료, 사회적 돌봄 이외의 복지국가 영역에도 별 관심이 없다. 기후 변화가 자신들의 생활수준에 영향을 끼칠 가능성이 높지 않다고 보기 때문에 대부분은 환경 문제도 그리 우려하지 않는다.

바이러스의 경제적 충격을 흡수함과 동시에 이전부터 대두했던 모든 과제, 즉 불평등 심화, 생산성 정체, 환경 붕괴까지 해결하려면 공공 투자를 실시해야 한다고 경제적 견지에서 강력히 주장하는 이들이 분명히 있다. 가령 팬데믹

와중에 상당 규모의 국가 주도 투자를 시행한다면 영국 자본에도 분명 이득이 될 것이다. 이는 국가 조달을 통한 이윤 추구의 직접적인 통로를 열어줄 뿐만 아니라 고용, 임금을 개선하고 이에 따라 경제 성장까지 촉진함으로써 경제의 다른 부문들에서 실시되는 투자의 리스크를 줄여줄 것이다.

그러나, 영국 제조업체들과 소비자 대면 서비스업체들은 국가 주도 탈탄소화 부양책에서 틀림없이 이득을 얻겠지만, 자본 내 주도 분파인 고도로 국제화되고 금융화된 부문은 국가로부터 생존에 필요한 지원만 얻으면 그만일 것이고, 그린 뉴딜은 그 경제적 성과의 정치적 지향과 관련해 이들에게 곤란한 문제를 제기할 것이다. 장기적으로 전 지구적 경기 회복은 영국 자본의 수익성을 지탱해주는 결과로 이어질 것이다. 국내에서는 전후 시기에 사용된 사회민주주의적인 경제 관리 방식이 일정 부분 부활할 수도 있다. 하지만 더 가능성이 높은 것은 유권자 중 정치적 행동력이 왕성한 부문에 대한 국가의 제한된 지원과 부자와 권력자에 대한 지원을 하나로 묶는 민족주의적-코퍼러티즘적 경제 운용 모델의 출현이다.

긴축 비판을 넘어 대중의 민주적 계획으로

사회주의자들은 대부분 2008년 금융 위기에서 비롯된 정치적 기회를 활용해 자본주의를 넘어서기는커녕 의미 있는 부분적 변화를 이끌어내는 데도 실패했다. 거의 모든 곳에서 지배계급이 권력을 지켜냈다. 어떤 경우는 전복적인 새 운동을 허약한 연립정부 안으로 흡수하거나 체제 내 개혁을 추진했지만, 대부분의 경우는 위기로 인한 반체제 압력을 경제적 구태에 전혀 위협이 안 되는 민족주의와 이주민 혐오로 변질시켰다. 표면적으로는 금융자본주의가 내재한 지속 불가능성에 대한 사회주의의 모든 가정을 확인해주는가 했던 2008년 위기를 좌파가 이용하지 못한 것을 볼 때, 과연 코로나19에 맞서는 대응은 더 나으리라고 기대할 여지가 있는가?

사회주의자들은 과거의 교훈에 너무 짓눌리는 경향이 있다. 우리는 지난 전쟁에서 헤어나지 못하는 경우가 매우 많다. 역사는 그대로 반복되지 않는다. 이번 위기에 맞선 대응은 2008년의 대응과는 매우 다를 텐데, 적어도 그 부분적 이유는 신자유주의와 긴축의 위상을 깎아내리려 한 사회주의자들의 노력에 있다. 하지만 역사는 그대로 반복되지는 않더라도 압운을 맞추기는 한다. 지난번 위기처럼 이번에도 가장 취약한 사회 구성원들이 위기의 부담을 가장 고통스럽게 짊어지게 될 것이다.

경제 위기, 시장 집중 그리고 여기에서 비롯되는 지배계급의 협력은 피할 수도 있는 시스템 내 결함이 아니라 자본주의 축적의 어떤 형태에든 내재한 본성이다. 위기, 중앙집권화, 정실주의가 없는 자본주의는 있을 수 없다. 위기 적응의 성공은 매번 필연적으로 새로운 균열과 모순을 낳으며 사회주의자들이 충분히 잘 조직되어 있다면 이를 기회로 삼을 수 있다. 그런 균열 중 하나는 경제 활동이 점점 더 정치화된다는 사실에서 발견될 수 있다.

자본의 이익을 뒷받침하는 형태의 정부 개입을 정당화하면서 반대로 노동자의 힘을 증대시킬 수 있는 개입은 금지하는 자유시장 이데올로기는 금융 위기 시기에 상당한 압박을 받고 있다. 앞에서 살펴본 대로 이 이데올로기의 토대는 정치와 경제의 분리다.[150] 자유시장 이데올로기가 신뢰를 유지하려면 경제정책의 특정 영역은 자연 법칙에 따라 설명되어야 하며, 이 영역에서 나타나는 결과가 시장의 힘의 작동에 따른 불가피한 결과라는 허구를 뒷받침하기 위해 그 분배상의 함의는 은폐되어야 한다. 예를 들어 화폐의 수요와 공급에 따라 결정되는 '자연' 이자율이 존재한다는 생각은 중앙은행 독립과 기술 관료들의 통화정책 결정을 정당화하는 강력한 정치적 힘이 되어주었다.[15]

그러나 시장의 이러한 특성을 유지하기 위해 국가 개입이 반드시 필요한 시대가 되면서 정치와 경제의 분리라는 관념을 유지하기는 훨씬 더 힘들어졌다. 국가가 자산 가격을 정책 대상으로 삼아 민간 대기업에 구제 자금을 퍼주고 이들의 부채 중 상당 부분을 매입하는 때에, 공공선을 증진하기 위한 개입이 시장 메커니즘을 방해할 수 있어 바람직하지 않다고 주장하기는 더욱더 어려워진다. 또한 국가가 이미 개입주의 성향을 보이는 상황에서 빈곤, 불평등, 기후 붕괴에 도전하는 종합 대책에 반대하기는 점점 더 힘들어진다. 실제로 이 통찰을 바탕으로 많은 개입주의 국가가 권위주의 성향을 보이는 이유를 상당 부분 설명할 수 있는데, 이들 권

위주의적 개입주의 국가는 단순한 이데올로기가 아닌 정치
와 법률을 통해 국가에 제기될 수 있는 요구를 제한한다.

코로나19의 급작스런 발발로 국가 규모가 확장되
자 많은 좌파들은 벌써 상당히 심각한 고민에 빠졌다. 많은
이들이 코빈주의Corbynism*의 핵심을 이뤘던 긴축 비판이 적
실성을 잃게 된 영국 정치에서 사회주의가 어떤 역할을 할
수 있을지에 대해 의문을 표하고 있다. 실제로 이번 위기는
코빈주의의 토대였던 반反긴축 담론의 태생적 약점을 드러
내고 있다. 사회주의란 단순히 자본주의 국가 규모의 확장
을 뜻하지 않는다. 사회주의는 지배계급, 즉 고위 정치인, 기
업 소유주와 금융가들에게서 권력을 빼앗아 민중에게 돌려
주는 것을 의미한다. 이 목표를 달성하려면 더 큰 국가를 요
구하는 것만으로는 부족하다. 경제 침체, 팬데믹, 그리고 아
마도 가장 중요한 기후 붕괴가 제기하는 도전에 대처하려면,
국가와 모든 경제·정치 제도의 성격이 근본적으로 변화해야
한다. 장기적인 관점에서 보면 대중the public이 경제 활동의
합리적 계획에 참여해야 한다. 인간이라면 누구든 우리 공동
의 자원을 사용하는 최선의 방안을 민주적으로 결정하기 위

* 반긴축을 부르짖는 노동계와 청년 세대의 적극적인 지지를 받으
며 2015년에 영국 노동당 대표에 선출됐다가 2019년 총선 패배로
물러난 제러미 코빈 하원의원의 노선을 일컫는다.

해 다 함께 협력해야 한다.

단순히 평등, 노동자 권리, 환경적 지속 가능성의 추구를 우선시하는 국가 계획만이 아니라 경제 활동에 대한 대중의 민주적 계획을 지지하는 목소리가 분명히 존재한다. 팬데믹 이전에도 불과 2퍼센트만이 영국 경제에 어떤 수준의 개혁도 필요하지 않다고 생각한 반면 63퍼센트가 그린 뉴딜을 지지했다. '코로나 크래시' 중에 국가 개입에 대한 대중의 지지가 이보다도 더 늘어났다는 사실에는 의심의 여지가 없다. 유고브YouGov*가 2020년 4월에 실시한 여론조사에서는 응답자의 72퍼센트가 일자리보장제job guarantee scheme** 도입을 지지했고, 51퍼센트가 "정부가 자산조사를 실시하거나 구직활동을 요구하지 않으면서 모든 시민에게 소득을 보장하는" 보편적 기본소득제도를 지지했으며, 74퍼센트가 정부의 임대료 규제를 지지했다.[152]

국가독점자본주의에서 발생하는 비효율성, 불평등, 부패는 집중 자체에서 비롯되는 것이 아니라 민주적 책임성의 원심력이 부재한 집중에 기인한다. 위기가 닥쳤을 때 국가의 지휘하에 놓인 자원은 대중에 의해, 대중을 위해 할

---

* 2000년에 설립된 영국의 국제적 시장조사 및 여론조사 회사다.
** 민간 기업에서 일자리를 얻지 못한 모든 구직자들을 정부의 고용청이 고용하자는 제안. 이 경우 완전고용이 이뤄지고, 고용청이 지급하는 급여가 자연스럽게 최저임금제 구실을 하게 된다.

당되어야 한다. 정치적 민주주의의 원리를 경제의 영역으로 확대하지 않는다면 이 위기는 다른 많은 위기와 마찬가지로 그저 자본에 의해, 자본을 위해 이용되고 말 것이다.

팬데믹과 기후 위기 시대,
인류의 선택

국가독점자본주의인가, 민주적 생태 계획인가?*

2008년 금융 위기 이후 공황의 직격탄을 맞은 나
라들은 대개 긴축정책을 실시했다. 금융기관들이 불러온 위
기를 해결하느라 국가 재정을 쏟아붓고는 '긴축'이라는 명
목으로 민중에게 부담을 전가한 것이다. IMF 외환위기 이후
한국인들이 겪은 것과 별반 다르지 않은 사태였다.

그러자 이들 나라에서 '긴축 반대'가 저항 세력의
핵심 요구로 떠올랐다. 제도정치 안에서도 이런 요구를 적극
수용한 세력들이 급성장했다. 그 가운데에는 미국의 버니 샌
더스 운동이나 영국 노동당 안의 제러미 코빈 지지 세력, 스

---

* 이 글은 필자가 블레이클리의 책을 처음 소개한 "팬데믹을 겪으
며 등장한 자본주의의 새 얼굴"(《프레시안》 2020. 11. 27)을 수정·보완
한 것이다.

페인의 포데모스 같은 급진좌파도 있었지만, 안타깝게도 더 괄목할 성장을 보인 쪽은 비슷한 주장을 인종주의·국수주의 와 결합한 프랑스 국민전선이나 스웨덴 민주당 같은 극우 세 력들이었다.

한데 2020년 코로나19 대유행과 함께 이 시기는 급속히 막을 내렸다. 갑자기 완전히 새로운 국면이 열렸다. 각국 정부는 대유행에 맞서 어쩔 수 없이 봉쇄를 단행하면서 경제 활동 중단에 따른 피해를 막기 위해 확장적 재정정책에 의지했다. 그간 금기시되던 재정 적자를 더는 문제 삼지 않 은 채 정부가 나서서 돈을 풀었다. 2008년 위기 때만 해도 중 앙은행이 위기 대응 총사령관 역할을 맡았지만 이번에는 달 랐다. 한 세대 넘게 과거의 미신으로 치부되고 금기시되던 재정정책이 화려하게 부활한 것이다.

이제 '긴축 반대' 구호는 철 지난 소리가 되어버렸 다. 국가가 이미 정반대 방향에서 움직이고 있기 때문이다. 그럼 '긴축 반대'를 외치며 급성장했던 급진좌파 역시 시효 를 상실한 것인가? 인간이 아닌 바이러스의 힘으로, 저 강력 했던 신자유주의의 한 시대가 끝나고 이제 민주주의의 새로

운 가능성(미국과 한국의 민주당 같은 리버럴 정치세력이 좋아하는
수사)이 열린 것인가?

영국 청년좌파의 목소리

그레이스 블레이클리의 이 책은 그 의문을 푸는 데
상당한 도움이 된다. 영국의 좌파 출판사 버소Verso는 작년에
4권의 팸플릿을 냈다. 모두 코로나19 사태와 관련된 주제를
다룬 책들이다. 그중에는 기후 위기와 자본주의의 관계를 치
열하게 파헤쳐온 스웨덴 사회과학자 안드레아스 말름의 《코
로나, 기후, 장기 비상사태》도 있고, 봉쇄 중에 어느 나라에
서나 긴급 현안이 된 돌봄과 상호부조를 다룬 책들도 있다.

블레이클리의 책 역시 이 시리즈의 한 권이다. 블
레이클리는 최근 영국에서 주목받는 경제학자이자 언론인,
사회운동가다. 1993년생이니 만 27세다. 옥스퍼드대학에서
사회과학을 전공했으며 아프리카 지역 연구로 석사학위를
받았다.

영국에서 블레이클리가 속한 세대는 금융 위기 이후에 정부의 긴축 조치에 따른 대학 등록금 인상에 항의하며 급진화됐다. 바로 이들이 2015년에 노동당 내 급진좌파인 코빈 의원이 당대표에 당선되는 이변을 일으킨 주역이다. 블레이클리는 이러한 청년세대 좌파 Generation Left의 전형이라 할 만한 인물로, 이들의 목소리를 대변하는 대안언론《노바라미디어》를 통해 처음 이름을 알렸다.

이후 블레이클리는 아프리카 경제 연구라는 전공을 살려 진보적 싱크탱크 '공공정책연구소 IPPR'에서 1년간 근무했다. 2019년에는 친노동당 주간지《뉴 스테이츠맨》으로 옮겨, 영국의 유럽연합 탈퇴를 좌파 입장에서 지지하고 그린 뉴딜을 주창하는 논설을 주로 썼다. 이 무렵 블레이클리는 금융 위기 이후에도 끈질기게 목숨을 이어가는 신자유주의 금융화를 분석·비판한 첫 번째 저서《스톨른》을 발표했다.

현재 블레이클리는 계간《트리뷴》의 고정 필진으로 활동 중이다.《트리뷴》은 1937년에 창간한 유서 깊은 좌파 매체인데, 조지 오웰이 한때 문학 담당 편집자로 일하기도 했고, 전후에는 아뉴린 베번 의원을 따르는 노동당 내 좌파의 결집지가 됐다. 이런 명성에도 불구하고 《트리뷴》은 2018년에 경영난으로 폐간했지만, 미국의 청년세대 좌파를 대변하는 저널 《자코뱅》이 곧바로 인수해 그해 9월 노동당 전당대회에 맞춰 재창간했다. 이후 《트리뷴》은 영국에서 긴축 반대 운동과 코빈 바람을 경험하며 성장한 젊은 좌파의 대변자 역할을 하고 있으며 블레이클리는 그 대표적인 필자다. 한편 블레이클리는 노동당 활동에도 직접 뛰어들어 당 정책을 수립하는 전국정책포럼의 위원을 맡고 있기도 하다.

우리가 살아온 시대의 진짜 정체, 국가독점자본주의

이 책은 그야말로 '팸플릿'이다. 원서 분량은 100쪽이 조금 넘는다. 긴박한 정세에 맞춰 주장들을 내놓고 있으며, 그래서 그런지 저자는 서문에서 "본격적인 논의"는 나중에 다른 책을 통해 전개하겠다고 밝히고 있다.

하지만 블레이클리 자신이 코빈주의 운동의 대표

적 논객 중 한 사람이므로 이 책이 최근 영국의 급진좌파가 코로나19 대유행에 따른 정세 급변을 어떻게 이해하고 있는지 잘 보여주는 문헌임에는 틀림없다. 따라서 이들과 마찬가지로 팬데믹 시기와 그 이후를 전망하려고 안간힘을 쓰는 우리 역시 이 책의 논의에서 도움을 얻을 수 있을 것이다.

일단 블레이클리는 코로나19 대유행 전후로 국면이 완전히 바뀌었음을 인정한다. '긴축 반대'는 더 이상 강력한 정치 쟁점일 수 없다. 좌우를 떠나 모든 정부가, 금융 위기 이후에 가장 혹독하게 긴축정책을 추진한 바 있는 영국 보수당 정부마저 확장 재정 기조로 돌아섰다. 젊은 날 제국의 심장부에서 학습한 시장지상주의 교리에 유독 집착하는 대한민국의 '경제 전문가'들을 제외하면, 지구 위의 그 누구도 이제 균형재정론을 읊조리지 않는다. 그럼 신자유주의는 끝난 셈인가? 금융 위기 이후에 저항 세력이 그토록 그 종식을 부르짖었어도 끈질기게 명줄을 이어가던 체제가 돌연 사망 신고서를 제출했다고 봐도 되는가?

블레이클리는 코로나19 대유행 중에 나타난 당혹스러운 경제 현실을 냉정히 가리키며 이 물음에 대구한다.

수많은 이들이 수입이 줄거나 일자리를 잃고 가게 문을 닫은 이 시기에 미국계 지식정보산업 공룡들, 즉 구글, 애플, 아마존, 마이크로소프트 등은 주가가 천정부지로 치솟았다. 봉쇄 중에 우리는 아마존 회장 제프 베조스가 역사상 최초로 조만 장자가 됐다는 소식을 들어야 했다. 자산시장을 유령처럼 떠도는 돈들이 코로나19 위기가 닥치자 다른 투자처는 다 제쳐 둔 채 가장 잘 나가는 이 기업들에 쏠린 탓이다.

지식정보산업의 독점기업들, 금융시장 큰손들… 모두 신자유주의 시기의 주인공이다. 그런데 코로나19 사태 이전이든 지금이든 이들이 계속 주인공이다. 그렇다면 도대체 무엇이 바뀌었는가? 단 한 가지가 바뀌었다. 이제껏 조연 인 척하거나 그래 보였던 한 배역이 무대 가장 앞에 나섰다. 바로 국가기구다. 금융 위기 이후 중앙은행들이 펼친 비전통 적 통화정책에 봉쇄 중 각국 정부가 단행한 재정정책이 더해 지면서 시중에 풀린 자금이 온통 최정상 독점기업들로 향하고 있다. 게다가 주요국 정부는 위기에 몰린 산업을 구한다며 기존 대기업들을 합쳐 더 거대한 독점기업으로 조립하는 작업에 열을 올리고 있다. 위기의 충격이 가장 큰 항공운송

산업이 그 첫 번째 무대다.

한쪽에서는 독점자본이 더욱 강력한 지배력을 확보하고, 다른 쪽에서는 이를 기획하고 관리하는 국가의 힘이 더욱 막강해진다? 많이 들어봤던 이야기다. 1980년대 말~1990년대 초에 한국 사회에서 '의식화' 학습을 한 세대라면 잊을 수 없는 단어. 그렇다, 여기에서 쉽게 연상할 수 있는 사회과학 용어는 '국가독점자본주의state monopoly capitalism'다. 자본주의가 발전할수록 국가와 독점자본이 일체화하면서 국가의 노골적 개입 아래 독점자본의 권력이 막강해진다는 이론 말이다.

　한데 블레이클리는 바로 이 개념을 다시 꺼내든다. 블레이클리는 팬데믹을 계기로 우리 시대가 국가독점자본주의 시대임이 여실히 드러났다고 진단한다. 한동안 금융위기의 충격조차 가볍게 무시하며 버티던 시장지상주의의 이념적 장벽은 그 가장 튼튼한 기둥인 균형재정론이 신종 바이러스 확산이라는 지구 생태계의 일격에 난타당하자 결국 허물어지고 말았다. 그러면서 그간 국가의 역할을 가리던 장막이 사라졌다. 국가기구는 다른 경제 주체들이 수행할 수 없는 자신만의 위력을 뽐내며 화려하게 부활했다.

하지만 주의해야 한다. 이것은 '시장'주의와 대립하는 '국가'주의의 승리가 아니다. 가장 어울리는 진단명은 '국가독점자본주의'다. 국가기구가 반反재정정책 교리들을 무너뜨리며 발산한 위력은 복지국가의 부활과는 거리가 먼 쪽으로 뻗어나갔다. 여러 나라가 현금수당 형태의 보편적 재난지원금을 지급했지만, 훨씬 더 많은 자원이 자산시장 부양과 구조조정을 통한 초대형 독점자본 형성에 투입되고 있다. '시장'의 힘이 약해진 것도 아니고 '국가'의 힘만 강해진 것도 아니다. 서로 한 몸이 된 '국가-독점자본'의 권력이 더욱 비대해지고 있다.

현 국면에 대한 이러한 진단은 과거를 새로운 시각으로 돌아보게 만든다. 블레이클리는 시장 중심 자본주의가 2020년 초에 갑자기 전 지구적으로 국가 중심 자본주의로 돌변한 것이 아니라고 지적한다. 실은 '신자유주의'라고 불려온 지난 한 세대 동안의 지구자본주의 역시 기본 골격은 국가독점자본주의였다.

블레이클리도 중요하게 언급하는, 신자유주의 정

치경제 체제에 대한 앤드류 갬블의 유명한 정식 '자유 경제+ 강한 국가'가 이미 이를 암시한다. 비록 지배블록 안에서 권력의 중심이 금융 엘리트로 넘어간 듯 보였지만, 이런 권력 이동조차 국가기구의 기획과 집행을 통해 이뤄졌다. 또한 대처주의의 사례에서 드러나듯이 이를 위해 국가기구 내 어떤 부분(가령 정보·감시부서 같은 억압적 국가기구)의 힘은 과거보다 더 강력해졌다.

게다가 신자유주의의 핵심인 금융화가 역설적으로 국가에 대한 자본의 의존을 더없이 강화했다. 블레이클리는 1장과 2장에서 이 역사적 과정을 분석한다. 1970년대 이후 복지국가가 와해되고 노동조합이 위축되자 실질임금이 정체됐다. 그런데도 세기 전환기에 북반구 대중은 인류 역사상 가장 화려한 소비 생활을 누릴 수 있었다. 비록 임금은 크게 늘지 않았지만 자산시장 활황 덕분에 주택 담보대출로 부족한 호주머니를 채울 수 있었던 것이다.

이것은 정말 일거양득의 게임인 것만 같았다. 한편으로는 중산층과 일부 노동계급까지 금융화에 끌어들여 금융 주도 축적체제를 더욱 발전시킬 수 있었고, 다른 한편으로는 복지국가 해체로 인한 대중의 불안과 불만을 잠재울 수 있었기 때문이다. 그러나 2008년 미국에서 금융 위기가 돌발하면서 이 게임의 지속 불가능성이 입증됐다. '임금과 복지'를 '가계 부채'가 대신하던 자산시장 케인스주의가 요란한 굉음을 내며 갑자기 멈춰버린 것이다.

자산시장 케인스주의의 전성기는 금융 위기를 계기로 돌연 중단됐지만, 금융화 자체는 결코 끝나지 않았다. 미국을 비롯한 북반구 주요국 중앙은행들은 양적 완화 같은 비전통적 통화정책을 구사하며 붕괴 직전의 금융기관들을 구제했다. 영국처럼 정부가 긴축 재정을 내세우며 서민에게 고통을 전가한 나라들도 있었지만, 어느 나라든 정작 위기의 원흉인 금융기관들은 막대한 자금 공급 덕분에 자산시장 거품을 이어갈 수 있었다. 자산시장에 더 이상 참여할 수 없게 된 노동자와 청년 세대는 불안과 불만에 휩싸였지만, 상당수 중산층은 금융 위기 이전의 생활 방식, 즉 금융화에 동참해 기득권을 유지하는 게임을 지속했다. 이런 점에서 금융 위기부터 팬데믹 직전까지의 시기는 금융 주도 축적체제가 헤게모니는 상실했어도 권력 자체는 놓지 않은 과도기였다.

　　블레이클리는 바로 이 과도기에 현대 자본주의의 심층에 자리하던 경향이 노골적으로 현실을 지배하기 시작했음을 포착한다. 신자유주의 이데올로그들이 떠들던 것과는 정반대로, 이제 자본은 국가의 도움 없이는 조금도 버틸 수 없게 됐다. 양적 완화를 중단했다가는 언제 자산시장 거품이 폭발할지 알 수 없는 상태가 돼버렸다. 물론 이를 추진한 주요국 중앙은행들은 낡은 신자유주의 교리를 둘러대며 자신이 국가기구의 일부임을 애써 부정하지만 말이다. 그런데 코로나19 바이러스의 돌연한 대유행은 이런 연극조차 더는 통하지 않게 만들었다. 자본주의의 붕괴를 막으려면 중앙은행의 비전통적 통화정책으로도 모자라 이제는 정부가 나서서 확장적 재정정책을 펼쳐야 하게 된 것이다. 다만 재정정책이 부활하더라도 이는 복지국가의 복원과는 아무 상관이 없다. 블레이클리의 정식화에 따르면, 확장적 재정정책은 국가가 독점자본과 더욱 공공연히 일체화하는 국가독점자본주의의 전면화일 뿐이다.

　　이렇듯 '국가 대 시장'이라는 잘못된 이항 대립을 걷어내고 바라보면 신자유주의 지구화·금융화에서 팬데믹에 이르는 인류사의 한 시대가 국가독점자본주의의 한 국면이었음이 드러난다. 마르크스는 《정치경제학 비판 요강》의 서설에서 "인간의 해부는 원숭이의 해부를 위한 하나의 열쇠"라고 말했다. "인간의 해부"를 통해 "원숭이의 해부"를 풀어갈 수 있는 것이지 그 역은 성립하지 않는다는 말이다. 여기에서 마르크스가 염두에 둔 것은 부르주아 사회의 분석과 그 전에 존재했던 사회의 분석의 관계였다. 우리는 부르주아 사회의 해부를 통해 이에 선행했던 사회들을 해부할 단서를 얻을 수 있다. 달리 말하면, 더욱 발전한 사회의 분석을 바탕으로 그 전 사회를 바라보는 새로운 시각을 얻는 것이지 그 역은 아니다.

우리는 이 관계를 자본주의의 역사적 형태들에 대한 분석에도 적용할 수 있다. 이 경우에도 우리는 자본주의의 최고·최신 국면에서 확인되는 특징을 통해 자본주의의 지난 역사를 모두 재구성해 바라봐야 한다. 금융 위기와 팬데믹을 거치며 확연해진 현대 자본주의의 경향, 즉 '국가-독점자본'의 일체화를 중심으로 그 전 국면인 신자유주의 지구화·금융화 시기도 다시 이해해야 한다.

국가독점자본주의와는 다른 미래의 출구, 전 지구적 그린 뉴딜

그럼 국가독점자본주의라는 실상이 적나라하게 노출된 국면에서 민주적 대안은 무엇인가? 혹자는 국가와 독점자본이 한 몸이 됐다는 진단을 듣고 대기업 해체나 국가 개입 축소 같은 대안을 떠올릴지도 모른다. 국가와 대기업, 금융자본의 유착을 끊고 자유경쟁시장으로 돌아가야 하는 것이 아니냐 생각할 수도 있다. 실제로 '경제 민주화'를 이런 의미로 이해하는 이들이 적지 않다.

그러나 이것은 답이 될 수 없다. 블레이클리가 강조하는 것처럼 오늘날 자본주의는 국가독점자본주의 성격을 강화하는 것 말고는 달리 수명을 연장할 길을 찾을 수 없다. 21세기에 자본주의는 국가독점자본주의 외에 다른 어떤 형태를 띨 수 없다. 코로나19 사태는 그 강력한 예증이다. 앞으로는 기후 위기가 이를 더욱 처절하게 증명할 것이다. 지구자본주의가 자초한 3중 위기(국내 불평등, 북반구-남반구 불균형, 생태계 불안정) 속에서 지배블록은 자신들의 권력을 이어가

144

기 위해서도 사실상의 계획경제, 가장 반민주적인 형태의 계획경제를 만들고 유지해나갈 수밖에 없다.

그렇다면 물음은 '계획이냐 아니냐'일 수 없다. '국가독점자본주의냐 자유시장의 재건이냐'도 아니다. 우리가 직시해야 할 선택지는 '한 줌의 과두 세력을 위한 계획이냐, 아니면 다수 대중을 위한 민주적 생태적 계획이냐'다. 블레이클리는 4장에서 민주적 생태적 계획으로 나아갈 출구로 '그린 뉴딜'을 제시한다. 실질 탄소 배출 제로 상태에 도달하기 위한 생태 전환 과정에서 오히려 서민의 살림살이를 뒷받침하고 경제 구조를 민주적으로 개편할 기회를 찾자며 미국의 버니 샌더스 운동이나 영국 노동당 코빈파가 제창한 그 '그린 뉴딜' 말이다.

이 대목에서 이런 의문이 생길 법하다. '그린 뉴딜은 아직 긴축 기조가 지배하던 시기에 국가에 대해 확장 재정 기조를 압박해 생태 전환과 복지국가 재건으로 나아가려던 기획이 아닌가? 그렇다면 이미 긴축 시대가 끝난 지금은 그리 신선한 대안은 아니지 않은가?' 실제로 이는 미국 신임 대통령 조 바이든의 핵심 정책이기도 하고 최근에는 영국의 보리스 존슨 총리마저 '녹색 산업혁명 10대 계획'이라는 이름으로 이를 약속하고 있다. 심지어는 문재인 정부도 '한국형'이라는 단서를 단 그린 뉴딜 계획을 발표했다.

맞다. 이제는 다양한 정치 세력들이 저마다 자신의 '그린 뉴딜'을 내세우고 있다. 그러나 그린 뉴딜이 인류의 미래를 둘러싼 핵심 전장이라는 사실 자체는 바뀌지 않았다. 다만 이 전장의 대치선이 이동했을 뿐이다. 코로나19 대유행 이전에는 '긴축이냐 아니냐'라는 쟁점을 중심으로 대치선이 그어졌다면, 이제는 '누구를 위한, 어떤 내용의 재정정책이냐'라는 쟁점이 중심이 되어야 한다.

누구를 위한, 어떤 내용의 그린 뉴딜이 되어야 하는가? 지금껏 지구자본주의 중심부의 거대 자본이 '자신의 형상대로' 만들어놓은 세상에서 지배받고 고통당하며 배제됐던 이들을 위해, 그들과 자본 사이의 힘의 균형을 바꾸는 계기가 되어야 한다. 국민국가 안에서는 생태 전환이 곧 자본과 노동의 권력 관계를 뒤흔들고 마침내는 뒤집는 과정이 되어야 하며, 전 지구적 수준에서는 북반구와 남반구 사이에서 그런 일이 벌어져야 한다.

특히 잊지 말아야 할 것은 북반구와 남반구의 오래된, 그러면서도 더욱 더 심각해지는 불평등을 치유해야 한다는 사실이다. 블레이클리는 3장에서 이를 인상적으로 강조한다. 지구화·금융화한 자본주의는 중국 같은 저발전 세계의 커다란 부분에 성장의 날개를 달아줬다는 찬사를 받는다. 그러나 실제로는 남반구의 부를 북반구로 대거 유출하는 제국주의 시스템을 강화했을 뿐이다. 팬데믹과 기후재난 속에서 이런 뿌리 깊은 구조는 어떤 보호 장구나 방파제도 없이 남반구 대중을 질병과 재해에 노출시키는 비극을 낳고 있다. 이를 해소하려는 노력 없이 북반구 국가들이 일국 차원에서만 그린 뉴딜을 추진해서는 기후 위기를 극복할 수 없다. 따라서 대안 목록의 맨 위 항목에는 반드시 남반구 외채 탕감이 포함되어야 한다.

어쨌든 목표는 일국적 수준에서든 지구적 수준에서든 기존 권력 관계를 역전하는 것이며, 달리 말하면 민중이 삶의 모든 영역에서 실질적인 통제력을 획득하는 것이다. 블레이클리는 이를 위해 "평등, 노동자 권리, 환경적 지속 가능성의 추구를 우선시하는 국가 계획"뿐만 아니라 "경제 활동에 대한 대중의 민주적 계획"이 필요하다고 역설한다. 말하자면 국가독점자본주의 시대에 절실히 필요한 민주적 대안이란 '생태 전환'을 '민중에게 권력을!'이라는 오랜 구호가 실현되는 과정으로 만드는 것이다. '민주적 사회주의자' 블레이클리는 이것이야말로 '사회주의'의 본래 의미를 되살리는 일이라고 강조한다. 자본 권력을 그대로 둔 채 복지국가를 재건하거나 확대하는 것은 애당초 목표일 수 없다는 말이다. 긴축정책을 공격하는 데 집중해야 했던 시기에는 이 점이 충분히 강조되지 못했다. 그러나 이제는 달라져야 한다.

　　　　너무 거창한 이야기일까? 지구 전체에서 몇 세대 동안 민중 세력이 후퇴만 거듭했던 상황에서 너무 근본적인 주장을 내놓는 것은 아닐까? 지난 시기의 관성대로라면 충분히 이런 의문이 들 수 있다. 그러나 시대는 이미 저만치 앞서가고 있다. 블레이클리가 가장 반反민주적인 국가독점자본주의의 전개 양상으로 꼽는 사례들이 한국 사회에서도 벌써 뜨거운 현안으로 전개되는 중이다. 사회 전체의 부는 더욱 급속히 부유층에 집중되고 있으며, 자산시장에서 유사 이래 최대 규모로 광란의 잔치가 벌어지고 있고, 항공산업을 필두로 초거대 독점자본을 탄생시키려는 시도가 시작됐다. 정부·여당의 온갖 기이한 행태와 별난 선택은 이들이 새로운 국가독점자본주의 국면의 충실한 정책 집행자가 되려 한다는 점을 확인한다면 모조리 깔끔하게 설명된다.

이런 시대에 우리는 근본적인 물음들을 결코 회피할 수 없다. 이것은 누구를 위한 것인가? 이것은 누구의 권력을 강화하는 것인가? 이것은 누구의 세상을 만들려는 것인가? '국가-독점자본'인가, 아니면 일하며 살아가는 모든 민중인가? 그리고 우리는, 당신은, 나는 과연 어느 편인가?

1   John M. Barry, 'The Single Most Important Lesson from the 1918 Influenza', *New York Times*, 17 March 2020.

2   Kim Moody, 'How "Just-in-Time" Capitalism Spread COVID-19', *Spectre*, 8 April 2020.

3   James Politi, 'Fed's Bullard Says Risk of Financial Crisis Remains', *Financial Times*, 2 June 2020.

4   Stephen Morris, George Parker and Daniel Thomas, 'UK Banks Warn 40%-50% of "Bounce Back" Borrowers Will Default', *Financial Times*, 31 May 2020.

5   OBR, *Fiscal sustainability report 2020*, Office for Budget Responsibility, 2020.

6   Sergei Klebnikov, 'How Bad Will Unemployment Get? Here's What the Experts Predict', *Forbes*, 31 March 2020.

7   Phillip Inman, 'UK Economy Likely to Suffer Worst Covid-19 Damage, Says OECD', *Guardian*, 10 June 2020.

8   International Labour Organization and Organization for Economic Co-operation and Development, 'Labour Share in G20 Economies', G20 고용연구팀에 제출된 보고서, Antalya, Turkey, February 2015, pp. 26-27.

9 Shawn Donnan, 'Globalisation in Retreat: Capital Flows Decline since Crisis', *Financial Times*, 21 August 2017; Susan Lud, Eckart Windhagen, James Manyika, Philipp Härle, Jonathan Woetzel and Diana Goldshtein, 'The New Dynamics of Financial Globalization', McKinsey Global Institute, August 2017.

10 Chibuke Oguh and Alexnader Tanzi, 'Global Debt of $244 Trillion Nears Record Despite Faster Growth', *Bloomberg*, 15 January 2019.

11 이러한 예측을 논한 문헌으로는 다음을 보라. Grace Blakeley, 'The Next Crash: Why the World Is Unprepared for the Economic Dangers Ahead', *New Statesman*, 6 March 2019.

12 위의 글.

13 Tithi Bhattacharya and Gareth Dale, 'Covid Capitalism: General tendencies and possible "leaps"', *Spectre*, 23 April 2020.

14 다음 문헌을 보라. IMF, *Policy Responses to Covid-19: Policy Tracker,* International Monetary Fund, 2020.

15 Scott Minerd, 'We Are All Government-Sponsored Enterprises Now', *Global CIO Outlook*, Guggenheim Investments, 10 May 2020.

16 Philip Turner, 'Containing the Dollar Credit Crunch', Project Syndicate, 18 May 2020.

17 Robert Brenner, 'Escalating Plunder', *New Left Review* 123, May-June 2020, p. 22.

18 BEA, 'GDP by State', Suitland, MD: US Bureau of Economic Analysis, 2020, bea.gov.

19 Drew DeSilver, 'For Most U.S. Workers, Real Wages Have Barely Budged in Decades', Pew Research Center, 7 August 2018.

20 BIS, 'Total Credit to Non-Financial Corporations(Core Debt) as a Percent-
    age of GDP', Bank of International Settlements, 2020, stat.bis.org.

21 Chris Giles, 'Bank of England Drops Productivity Optimism and Lowers
    Expectations', *Financial Times*, 30 January 2020.

22 World Bank, 'Gross Fixed Capital Formation (% of GDP)', *World Bank Eco-
    nomic Policy & Debt: National Accounts: Shares of GDP & Other*, data.world-
    bank.org; Office for National Statistics, *UK Balance of Payments, The Pink
    Book: 2019,* 2019.

23 예를 들어 다음 문헌을 보라. FocusEconomics, '23 Economic Experts Weigh
    In: Why Is Productivity Growth So Low?', *FocusEconomics*, 20 April 2017.

24 Grace Blakeley, *Stolen: How to Save the World from Financialisation*, Re-
    peater, 2019.

25 Andrew Haldaine, 'The Contribution of the Financial Sector:Miracle or
    Mirage?', '금융의 미래' 컨퍼런스에서 한 연설, 14 July 2010. bis.org.

26 위의 글.

27 Michael Hudson, *Killing the Host: How Financial Parasites and Debt Bond-
    age Destroy the Global Economy*, CounterPunch, 2015.

28 J. M. Keynes, *The General Theory of Employment, Interest and Money*, Lon-
    don: Macmillan, 1936[이주명 옮김,《고용, 이자, 화폐의 일반이론》, 필맥, 2010].

29 Rudolf Hilferding, *Finance Capital: A Study of the Latest Phase of Capitalist
    Development*, ed. Tom Bottomore, Routledge & Kegan Paul, 1981 (1910)[김
    수행·김진엽 옮김,《금융자본》, 비르투출판사, 2011].

30 Blakeley, *Stolen*, 'Chapter Two: Vulture Capitalism: The Financialisation of
    the Corporation'[안세민 옮김, 책세상, 2021 출간 예정].

31 Thomas Philippon, 'The Economics and Politics of Market Concentration',

NBER Report, no. 4, December 2019.

32 Karsten Kohler, Alexander Guschanski and Engelbert Stockhammer, 'The Impact of Financialisation on the Wage Share: A Theoretical Clarification and Empirical Test', *Cambridge Journal of Economics* 43, no. 4, July 2019.

33 Mimoza Shabani, Judith Tyson, Jan Toporowski and Terry McKinley, 'The Financial System in the UK', *FESSUD Studies in Financial System*, no. 14, February 2015.

34 Josh Ryan Collins, Laurie Macfarlane and Toby Lloyd, *Rethinking the Economics of Land and Housing*, Zed Books, 2017.

35 Blakeley, *Stolen*, 'Chapter Three: Let Them Eat House: The Financialisation of the Household'.

36 Colin Crouch, 'Privatised Keynesianism: An Unacknowledged Policy Regime', *British Journal of Politics and International Relations* 11, no. 3, August 2009.

37 Adam Tooze, 'Notes on the Global Condition: Of Bond Vigilantes, Central Bankers and the Crisis, 2008-2017', 2017, adamtooze.com.

38 Zak Cope, *The Wealth of (Some) Nations: Imperialism and the Merchants of Value Transfer*, Pluto, 2019.

39 Grace Blakeley, 'On Borrowed Times: Finance and the UK Current Account Deficit', Institute for Public Policy Research, Commission on Economic Justice, 2018.

40 Blakeley, *Stolen*, 'Chapter One: The Golden Age of Capitalism'.

41 Jeremy Green, 'Anglo-American Development, the Euromarkets, and the Deeper Origins of Neoliberal Deregulation', *Review of International Studies* 42, no. 3, July 2016, pp. 425-449.

42 Philip Mirowski and Dieter Plehwe, eds., *The Road from Mont Pelerin: The Making of the Neoliberal Thought Collective*, Harvard University Press, 2009.

43 Blakeley, 'On Borrowed Times'; Bank of England, 'North Sea Oil and Gas: Costs and Benefits', *Bank of England Quarterly Statistical Bulletin*, March 1982.

44 ONS, 'Changes in the Economy Since the 1970s', Office for National Statistics, 2019, ons.gov.uk.

45 Cope, *The Wealth of (Some) Nations*.

46 ONS, 'Five facts about the UK service sector', Office for National Statistics, 29 September 2016.

47 Crouch, 'Privatised Keynesianism'.

48 ONS, 'Employees in the UK by Industry: 2018', Office for National Statistics, 26 September 2019, ons.gov.uk.

49 Blakeley, *Stolen*.

50 Richard Disney and Guannan Luo, 'The Right to Buy Public Housing in Britain: A Welfare Analysis', *Journal of Housing Economics* 35, March 2017, pp. 51-68.

51 Collins et al., *Rethinking the Economics of Land and Housing*.

52 Shabani et al., 'The Financial System in the UK'.

53 위의 글.

54 위의 글.

55 Thomas Hale, 'The Bank of England Has a Strange Idea of What QE Achieved', *Financial Times Alphaville*, 3 August 2018, ftallphaville.ft.com.

56 Jannes van Loon and Manuel B. Analbers, 'How Real Estate Became "Just Another Asset Class": The Financialization of the Investment Strategies of

Dutch Institutional Investors', *European Planning Studies* 25, no. 2, February 2017, pp. 221-240.

57 Adam Tooze, *Crashed: How a Decade of Financial Crises Changed the World*, Penguin, 2018〔우진하 옮김,《붕괴: 금융 위기 10년, 세계는 어떻게 바뀌었는가》, 아카넷, 2019〕.

58 Jane Kelly, Julia Le Blanc and Reamonn Lydon, 'Pockets of Risk in European Housing Markets: Then and Now', *ESRB Working Paper* 2277, 2019.

59 Adam Corlett, Arun Advani and Adny Summers, 'Who gains? The importance of accounting for capital gains', *Resolution Foundation*, 21 May 2020.

60 Carys Roberts, Grace Blakeley and Luke Murphy, *A Wealth of Difference: Reforming Wealth Taxation in the UK*, Institute for Public Policy Research (IPPR), 2018.

61 Stephen Clark et al., *Are We Nearly There Yet? Spring Budget 2017 and the 15 Year Squeeze on Family and Public Finance*, Resolution Foundation, 2017, resolutionfoundation.org.

62 Josephine Cumbo and Robin Wigglesworth, '"Their House Is on Fire": The Pensions Crisis Sweeping the World', *Financial Times*, 17 November 2019.

63 Richard C. Koo, *The Other Half of Macroeconomics and the Fate of Globalization*, Wiley, 2018.

64 Grace Blakeley, 'The Next Crash: Why the World Is Unprepared for the Economic Dangers Ahead', *New Statesman*, 6 March 2019.

65 Rana Faroohar, 'Tech Companies Are the New Investment Banks', *Financial Times*, 11 February 2018.

66 Koo, *The Other Half of Macroeconomics*.

67 Chilbuike Oguh and Alexander Tanzi, 'Global Debt of $244 Trillion Nears

Record Despite Faster Growth', *Bloomberg*, 15 January 2020.

68 Philip Aldrick and Gurpreet Narwan, 'We'll Do Whatever It Takes, Central Banks Vow', *The Times*, 27 March 2020; Scott Minerd, 'Prepare for the Era of Recrimination', *Global CIO Outlook,* Guggenheim Investments, 26 April 2020.

69 Hilferding, *Finance Capital*, p. 234.

70 Karl Marx, *Capital: A Critique of Political Economy, Vol. 1*, trans. by Ben Fowkes, London: Penguin, 1990, pp. 777 and 929〔황선길 옮김,《자본 1》, 라움, 2019〕.

71 Hilferding, *Finance Capital*, p. 235; V. I. Lenin, *Imperialism, The Highest Stage of Capitalism*, London: Lawrence & Wishart, 1988 〔1917〕〔이정인 옮김,《제국주의, 자본주의의 최고 단계》, 아고라, 2017〕; Paul A. Baran and Paul M. Sweezy, *Monopoly Capital: An Essay on American Economic and Social Order*, Monthly Review Press, 1966〔최희선 옮김,《독점자본: 미국의 경제와 사회질서》, 한울, 1984〕; John Bellamy Foster, 'Monopoly-Finance Capital', *Monthly Review*, 58, no. 7, December 2006.

72 Ryan Banerjee and Boris Hofmann, 'The rise of zombie firms: causes and consequences', *Bank for International Settlements Quarterly Review*, September 2018.

73 Michalis Nikiforos, 'When Two Minskyan Processes Meet a Large Shock: The Economic Implications of the Pandemic', Levy Economics Institute, Policy Note 2020/1, March 2020.

74 Martin Arnold and Brendan Greeley, 'Central Banks Stimulus Is Distorting Financial Markets, BIS Finds', *Financial Times*, 7 October 2019.

75 Jesse Colombo, 'The US Is Experiencing a Dangerous Corporate Debt Bubble', *Forbes*, 29 August 2018; Philip Inman, 'Corporate Debt Could Be the Next Sub-Prime Crisis, Warns Banking Body', *Guardian*, 30 June 2019.

76 Matthew Watson, 'Re-establishing What Went Wrong Before: The Greenspan Put as a Macroeconomic Modellers' New Normal', *Journal of Critical Globalisation Studies*, no. 7, 2014, pp. 80-101.

77 Alfie Stirling, *Just about Managing Demand: Reforming the UK's Macroeconomic Policy Framework*, Institute for Public Policy Research (IPPR), 2018.

78 Marx, *Capital*, p. 929.

79 Rana Foroohar, *Don't Be Evil: The Case Against Big Tech*, Currency/Random House, 2019〔김현정 옮김,《돈 비 이블, 사악해진 빅테크 그 이후: 거대 플랫폼은 어떻게 국가를 넘어섰는가》, 세종서적, 2020〕.

80 가령 다음 문헌을 보라. Jonathan Taplin, *Move Fast and Break Things: How Google, Facebook and Amazon Cornered Culture and Undermined Democracy*, Little, Brown, 2017. 이 책에서 저자는 "데이터는 … 새로운 석유"라는 유명한 주장을 한다.

81 Foroohar, *Don't Be Evil*; Martin Wolf, 'Why Rigged Capitalism Is Damaging Liberal Democracy', *Financial Times*, 18 September 2019.

82 Foroohar, *Don't Be Evil*.

83 Matt Phillips, 'Investors Bet Giant Companies Will Dominate After Crisis', *New York Times*, 28 April 2020.

84 Matthew Vincent, 'Loss-Making Tech Companies Are Floating Like It's 1999', *Financial Times*, 16 June 2019.

85 Martin Wolf, 'Corporate Savings Are Contributing to the Savings Glut', *Financial Times*, 17 November 2015; Peter Chen, Loukas Karabarbounis and Brent Neiman, 'The Global Corporate Saving Glut: Long-Term Evidence',

VoxEU, 5 April 2017.

86 Rana Foroohar, 'Tech Companies Are the New Investment Banks', *Financial Times*, 11 February 2018.

87 Andres Diaz, 'I'm a Small Business Owner. Where's My Coronavirus Bailout?', *Guardian*, 21 April 2020; Jonathan Taplin, 'Federal Reserve Has Encouraged Moral Hazard on a Grand Scale', *Financial Times*, 13 April 2020.

88 Robert Brenner, 'Escalating Plunder', *New Left Review* 123, May-June 2020, pp. 6-9.

89 Geoff Mann, *In the Long Run We All Dead: Keynesianism, Political Economy and Revolution*, Verso, 2017.

90 Ellen Meiksins Wood, *Democracy Against Capitalism: Renewing Historical Materialism*, Verso, 2016.

91 Gillian Tett, 'Why the US Federal Reserve Turned Again to Blackrock for Help', *Financial Times*, 26 March 2020; Michael Bird, 'European Central Bank Hires Blackrock to Help with Loan Purchase Programme', *City A.M.*, 27 August 2014, cityam.com.

92 Francis Fukuyama, 'The End of History', *National Interest*, no. 16, Summer 1989, pp. 3-18 and *The End of History and the Last Men*, Free Press, 1992〔이상훈 옮김,《역사의 종말》, 한마음사, 1997〕; Thomas Friedman, *The World Is Flat: A Brief History of the Twenty-First Century*, New York: Farrar, Strauss, and Giroux, 2005〔이건식 옮김,《세계는 평평하다: 세계는 지금 어디로 가고 있는가?》, 21세기북스, 2013〕.

93 Marx, *Capital*, p. 450.

94 마르크스주의 흐름에서는 관리직의 계급적 지위에 대한 논쟁이 오랫동안 계속됐다. 다음 문헌들을 보라. Nicos Poulantzas, *Classes in Contemporary Cap-*

italism, Verso, 1975; John Ehrenreich and Barbara Ehrenreich, 'The Professional-Managerial Class', in *Between Labour and Capital*, ed. Pat Barker, Boston: South End, 1979; Erik Olin Wright, *Classes*, Verso, 1985〔이민열 옮김, 《계급론》, 한울, 2005〕; Gerád Duménil and Dominique Lévy, *Managerial Capitalism: Ownership, Management and the Coming New Mode of Production*, Pluto, 2005.

95 Cope, *The Wealth of (Some) Nations*.

96 V. I. Lenin, *Imperialism*.

97 Hilferding, *Finance Capital*; Lenin, *Imperialism*.

98 *Honest Accounts 2017: How the World Profits from Africa's Wealth*, Jubilee Debt Campaign, 2017, globaljustice.org.uk.

99 이 전략이 끼친 영향에 대한 논의로는 다음 문헌들을 보라. Cope, *The Wealth of (Some) Nations*; T. J. Coles, *Privatized Planet: Free Trade as a Weapon Against Democracy, Healthcare and the Environment*, New Internationalist, 2019.

100 Cope, *The Wealth of (Some) Nations*.

101 Jenny Chan, Mark Selden and Pun Ngai, *Dying for an iPhone: Apple, Foxconn, and The Lives of China's Workers*, Pluto, 2020.

102 Kwame Nkrumah, *Neo-Colonialism: The Last Stage of Imperialism*, Thoas Nelson, 1965, p. ix.

103 신생 독립국들은 식민 통치국에 의해 생긴 부채를 짊어진 상태여서, 시민들이 자신들을 예속시키는 데 사용됐던 부채를 갚아야 했다. 독립하고 한참 지난 뒤에도 다수의 억압적 정권들이 권력을 공고히 하기 위해 (대부분 미국의 지지를 받으며) 막대한 외채를 발생시켰는데, 독재 정권이 쫓겨난 후에도 민주적으로 선출된 지도자들이 이를 고스란히 물려받게 된다. 이러한 '부당 부채'가 다음 책의 주제다. Léonce

Ndikumana and James K. Boyce, *Africa's Odious Debts: How Foreign Loans and Capital Flight Bled a Continent*, Zed, 2011.

104 Michael Thompson, Alexander Kentikelenis and Thomas Stubbs, 'Structural Adjustment Programmes Adversely Affect Vulnerable Populations: A Systemic-Narrative Review of Their Effect on Child and Maternal Health', *Public Health Reviews* 38, no. 13, 2017.

105 UNCTAD, *The Least Developed Countries 2000 Report*, UNCTAD, 2000.

106 Gianluca Benigno, Luca Fornato and Martin Wolf, 'The Global Financial Resource Curse', *Federal Reserve Bank of New York Staff Report* No. 915, February 2020.

107 Philip R. Lane, 'Financial Globalisation and the Crisis', *BIS Working Paper* 397, Bank for International Settlements, December 2012.

108 UNCTAD, *Trade and Development Report, 2008: Commodity Prices, Capital Flows and the Financing of Investment*, UNCTAD, 2008.

109 Benigno, Fornato and Wolf, 'The Global Financial Resource Curse'.

110 Grace Blakeley, 'On Borrowed Time'.

111 IMF, 'Zambia: 2019 Article IV Consultation-Press Release', *IMF Staff Report: Country Report* No 19/263, 2 August 2019; World Bank, 'The World Bank in Zambia: Overview', worldbank.org, last updated 13 October 2019.

112 'Zambia to Pay Vulture Fund $15.4m', *Lusaka Times*, 25 April 2007.

113 Twivwe Siwale, 'The Structural Constraints Limiting Zambia's Economic Response to COVID-19', International Growth Centre, 22 April 2020.

114 Tayyab Mahmud, 'Is It Greek or Déja Vu All Over Again?: Neoliberalism and Winners and Losers of International Debt Crisis', *Loyola University Chicago Law Journal* 42, no. 4, 2011, pp. 668-683; Adam Tooze, 'Notes on

the Global Condition: Of Bond Vigilantes, Central Bankers and the Crisis, 2008-2017', adamtooze.com, 7 November 2017.

115 'Fears Grows over Bangladesh's COVID-19 Response', *Al Jazeera*, 23 March 2020.

116 Stephanie Kelton, *The Deficit Myth: Modern Monetary Theory and the Birth of the People's Economy*, PublicAffairs/Perseus, 2020.

117 Mahir Binici and Mehmet Yörükoğlu, 'Capital Flows in the Post-Global Financial Crisis Era: Implications for Financial Stability and Monetary Policy', *BIS Working Papers* 57, Bank for International Settlements, 2015, 319-343.

118 Gabriel Chodorow-Reich, 'Effects of Unconventional Monetary Policy on Financial Institutions', *Brookings Paper on Economic Activity, The Brookings Institution*, 48, no. 1, Spring 2014, pp. 155-227.

119 Martin Mühleisen and Mark Flanagan, 'Three Steps to Avert a Debt Crisis', *IMF Blog*, 18 January 2019, blogs.imf.org.

120 'The Great Lockdown: Worst Economic Downturn Since the Great Depression', IMF press release, no. 20/98, 23 March 2020.

121 Nick Dearden, 'The Global South's Coronavirus Debt Crisis', *Tribune*, 10 May 2020. tribunemag.co.uk.

122 Rehman Sobhan, 'Structural Maladjustment: Bangladesh's Experience with Market Reform', *Economic and Political Weekly* 28, no. 19, 8 May 1993, pp. 925-931.

123 Amy Kazmin, 'Modi the Reformer Reappears as Coronavirus Hits India's Economy', *Financial Times*, 15 May 2020.

124 다음을 보라. IMF, *Policy Responses to Covid-19: Policy Tracker*, International Monetary Fund, 2020.

125 위의 책.

126 UNCTAD, *Digital Economy Report 2019: Value Creation and Capture: Implications for Developing Countries,* United Nations Conference on Trade and Development, 2019.

127 '희년 외채 연합Jubilee Debt Coalition'(구호조직과 종교조직들의 네트워크)이 남반구 국가들이 영국에 진 빚의 상당 부분을 탕감하라고 영국 정부에 압력을 넣은 2000년에 전 지구적 외채 희년〔희년에 채무를 면제하고 노예를 해방한 옛 유대 관습처럼 새천년이 시작되는 해에 남반구 외채를 탕감하자는 제안)은 일부 달성됐다. 몇몇 나라들이 이 선례를 따랐다. 그러나 얼마 되지 않아 남반구에서는 외채가 다시 늘기 시작했다.

128 예를 들어 다음 글을 보라. 'Coronavirus: Cancel the Debts of Countries in the Global South', Jubilee Debt Campaign, 18 March 2020, jubileedebt.org.uk.

129 SarahJayne Clifton, 'Coronavirus Could Collapse the World's Poorest Economies', *Tribune*, 11 April 2020, tribunemag.co.uk.

130 'Republicans Suddenly Find a Bailout They Can Back', *Politico*, 18 March 2020; 'Trump Pivots to "Phase Two"', Risking More Death to Save Economy', *Bloomberg*, 6 May 2020.

131 Irving Fisher, *The Debt-Deflation Theory of Great Depressions*, Econometric Society, 1933.

132 CEIC Data, 'Private Consumption: % of GDP by Country Comparison', 2020, ceicdata.com.

133 Gary Stevenson, 'Following the Coronavirus Money Trail', *Open Democracy*, 27 March 2020.

134 Luke Savage, 'One Cheque Isn't Enough', *Jacobin*, 26 May 2020.

135 Richard Partington, 'Living Costs Rising Faster for UK's Poorest Families

Than Richest', *Guardian*, 25 April 2019.

136 Claer Barrett, 'Inside the UK's Debt Crisis', *Financial Times*, 25 April 2019.

137 Richard Partington, 'UK Households Spend above Their Income for Long-est Period Since 1980s', *Guardian*, 29 March 2019.

138 Ann Pettifor, *The Case for the Green New Deal*, Verso, 2019.

139 David Wallace-Wells, *The Uninhabitable Earth: Life After Warming*, Tim Duggan/Random House, 2020〔김재경 옮김, 《2050 거주불능 지구: 한계치를 넘어 종말로 치닫는 21세기 기후재난 시나리오》, 추수밭, 2020〕.

140 Alejandra Borunda, 'The Last Five Years Were the Hottest Ever', NASA and NOAA Declare', *National Geographic*, 9 April 2019, nationalgeographic.co.uk.

141 Laurie Laybourne-Langton, Lesley Rankin and Darren Baxter, *This Is a Crisis: Facing up to the Age of Environmental Breakdown*, Institute for Public Policy Research, 2019.

142 Will Steffen et al., 'Trajectories of the Earth System in the Anthropocene', *PNAS* 115, no. 33, pp. 8252-8259, pnas.org.

143 Fiona Harvey, 'What Is the Carbon Bubble and What Will Happen if It Burns?', *Guardian*, 4 June 2018.

144 Oxfam, 'World's Richest 10% Produce Half of Carbon Emissions While Poorest 3.5 Billion Account for Just a Tenth', Oxfam International press release, 2 December 2015, oxfam.org.

145 Shannon Hall, 'Exxon Knew about Climate Change Almost 40 Years Ago', *Scientific American*, 26 October 2015.

146 Colin Leys, 'The British Ruling Class', in *Socialist Register 2014: Registering Class*, eds, Leo Panitch, Gerg Albo and Vivek Chibber, Merlin Press, 2014,

p. 108.

147 Andrew Gamble, *The Free Economy and the Strong State: The Politics of Thatcherism*, Palgrave, 1988.

148 Andrew Atkinson, 'George Osbourne, Architect of UK Austerity, Says New Cuts Needed Post-Crisis', *Bloomberg*, 20 April 2020; 'Treasury Blueprint to Raise Taxes and Freeze Wages to Pay for £300bn Coronavirus Bill', *Telegraph*, 12 May 2020.

149 Jonathan Ostry, Prakash Loungani and Davide Furceri, 'Neoliberalism: Oversold?', *IMF Finance and Development* 53, no. 2, June 2016, imf.org.

150 Ellen Meiksins Wood, *Democracy Against Capitalism: Renewing Historical Materialism*, Verso, 2016.

151 Peter Mair, *Ruling the Void: The Hollowing of Western Democracy*, Verso, 2013.

152 IPPR, 'Public Support for a Paradigm Shift in Economic Policy', Institute for Public Policy Research, 17 November 2019, ippr.org; Labour for a Green New Deal, 'Majority of Public Support Ending Net Zero 2030 Emissions Target, Poll Finds', press release, 7 November 2019, labourgnd.uk; 'Public Support Universal Basic income, Job Guarantee and Rent Controls to Respond to Coronavirus Pandemic, Poll Finds', *Independent*, 27 April 2020.